Ein Elternbuch

Auf jede Frage gibt es eine Antwort

Sibylle Jessen

Ein Elternbuch

Auf jede Frage gibt es eine Antwort

Sibylle Jessen

WAGNER VERLAG
www.wagner-verlag.de

Ein Buch aus dem WAGNER VERLAG

Korrektorat & Layout: Petra Schmidt; www.lektorat-ps.de
Umschlaggestaltung: johanneskayser@me.com

1. Auflage

ISBN: 978-3-86279-088-3

Bibliografische Information der Deutschen Nationalbibliothek:
Die Deutsche Nationalbibliothek verzeichnet diese Publikation in der
Deutschen Nationalbibliografie; detaillierte bibliografische Daten sind
im Internet über http://dnb.d-nb.de abrufbar.

Die Rechte für die deutsche Ausgabe liegen beim
Wagner Verlag GmbH,
Zum Wartturm 1, 63571 Gelnhausen.
© 2011, by Wagner Verlag GmbH, Gelnhausen
Schreiben Sie? Wir suchen Autoren, die gelesen werden wollen.

Über dieses Buch können Sie auf unserer Seite www.wagner-verlag.de
mehr erfahren!
www.podbuch.de
www.buecher.tv
www.buch-bestellen.de
www.wagner-verlag.de/presse.php
www.facebook.com/WagnerVerlag
Wir twittern … www.twitter.com/wagnerverlag

Druck: dbusiness.de gmbh · 10409 Berlin

Für meine drei wunderbaren Mädels, die mir all meine pädagogischen Sünden verziehen haben, die an mich glauben und die mich ermutigt haben, dieses Büchlein zu schreiben.

Danke für eure tatkräftige Unterstützung!

DIE EINFACHE LOGIK EINER SCHWEREN AUFGABE

Die Erziehung unserer Kinder ist nicht nur eine der wichtigsten Aufgaben unserer Zeit, sondern die wichtigste Aufgabe schlechthin! Geht es doch immerhin um die künftige Generation, die für die Gestaltung der Gesellschaft, ja der Welt verantwortlich sein wird!

Dass diese wichtige und zugleich schwierigste Aufgabe ohne jegliche Vorkenntnisse, geschweige denn einer fundierten Ausbildung bewerkstelligt werden muss, ist geradezu beängstigend!

In Schweden ist die Auszahlung des Kindergeldes an Elternschulungen gebunden, was unter diesem Aspekt eine durchaus vernünftige Einrichtung ist!

Die Eltern, die bestrebt sind, diese Aufgabe gut und sinnvoll anzugehen, werden mit einer Flut von pädagogischen Ratgebern und Fachbüchern konfrontiert, die zunächst mehr Verwirrung stiften als Klarheit und uns oft das letzte bisschen gesunden Menschenverstand rauben. Dass es eine einfache, nachvollziehbare Logik in der Kindererziehung gibt, erkennt man meist erst, wenn die Kinder bereits groß sind. Oft geht man in der Pädagogik nicht anders vor als in der Schulmedizin: Man behandelt die Symptome, anstatt nach den Ursachen zu fragen. Ist ein Kind schwierig, versucht man diese Schwierigkeiten mit pädagogischen Maßnahmen auszumerzen, anstatt zu fragen, warum es schwierig ist und mit den Ursachen auch das Problem selbst zu beheben.

Ich selbst habe drei, inzwischen erwachsene Kinder und würde alles darum geben, die Zeit zurückdrehen zu können, um in diesem Bewusstsein meine Kinder noch einmal zu erziehen – mit weniger „Pädagogik" und mehr Verständnis und Liebe!

1. TROTZPHASEN UND WUTANFÄLLE

1.1 GRÜNDE FÜR TROTZPHASEN UND WUTANFÄLLE

Bevor ich auf einen Trotz- oder Wutanfall meines Kindes mit erzieherischen Maßnahmen reagiere, muss ich mir die Frage nach dem Ursprung seines Trotzes stellen.

Die Gründe, die den Trotz des Kindes hervorrufen, lassen sich auf drei einfache und einleuchtende Punkte reduzieren:

* Entwicklungsbedingte Trotzphasen
* Charakterbedingter Trotz oder Wut
* Erziehungsbedingter Trotz oder Wut

In keinem dieser drei Fälle darf dem Kind Schuld oder gar böse Absicht unterstellt werden! Vielmehr muss man sich der Not, in der sich das Kind während eines Wut- oder Trotzanfalls befindet, bewusst sein!

1.1.1 Entwicklungsbedingte Trotzphasen

Entwicklungsbedingte Trotzphasen sind notwendig und dürfen nicht durch unangemessene erzieherische Maßnahmen verhindert werden!

Sie treten in bestimmten Altersstufen auf und begleiten Entwicklungsprozesse, die im entsprechenden Alter des Kindes anstehen. Weitgehend bekannt ist die Trotzphase, die im Alter von 2 – 3 Jahren auftritt, sowie die „vorpubertäre" Trotzphase im Alter von ca. 12 – 14 Jahren.

Wir müssen die Kinder in diesem Prozess begleiten und tragen, nicht züchtigen und maßregeln und niemals alleine lassen in ihrer Not!

Ich möchte mich hier beschränken auf die Trotzphase des Kleinkindes, zwischen 2 und 3 Jahren. Diese begleitet u. a. den ersten Ablösungsprozess von der engen Mutter/Vater-

Bindung. Bis dahin empfindet sich das Kind als einen Teil seiner Umwelt und nicht als eigenständiges Individuum.

Der Prozess, den es durchmacht auf dem Weg zum Individuum, ist ein schmerzhafter! Verliert es doch einen Teil der Sicherheit und Geborgenheit, die ihm die Nähe und Abhängigkcit zu seiner engsten Umwelt gewährt! Meist beginnt das Kind in dieser Phase „Ich" zu sagen, während es sich bis dahin mit dem Namen bezeichnet hat, wie alle anderen es tun. Es entwickelt nun einen Eigentumsbegriff und macht die ebenso schmerzhafte Erfahrung, dass es Dinge gibt, die anderen gehören, wo es bisher annahm, alles stehe ihm zu – von der uneingeschränkten Zuwendung der Eltern und Geschwister bis zu den begehrten Alltagsgegenständen und Spielsachen. Was nicht heißt, dass man ihm nicht auch schon früher das gefährliche Messer oder das zerbrechliche Spielzeug des großen Bruders weggenommen hat. Der unweigerlich darauf folgende Protest war bis dahin meist von kurzer Dauer und ließ sich mit etwas Zuwendung bald abwenden. Nun wird das Geschrei und also auch der Schmerz heftiger – je nach Charakter des Kindes mehr oder weniger herzzerreißend! Dämmert ihm doch langsam, dass Eigentum sehr eng mit Verzicht verbunden sein kann. Natürlich ist dies kein bewusster Prozess, aber dennoch nicht minder schmerzhaft!

<u>Lassen Sie niemals Ihr Kind allein in seiner Not!</u> Schicken Sie es nicht fort oder rügen es für sein unbotmäßiges Verhalten! Je größer die Not, desto dringender braucht das Kind die Unterstützung des Erwachsenen. Die beste, liebevollste und wirkungsvollste Methode ist das Festhalten (vergl. Jirina Prekop: „Festhaltetherapie"). Fühlt ein Kind sich geliebt, gehalten und geborgen in seiner Not, kann es am ehesten damit fertig werden. Fühlt es sich abgelehnt und unverstanden, wird es unglücklich und verletzt sein. Vielleicht schafft man es sogar mit erzieherischen Sanktionen, Liebesentzug oder Druck, dem Kind die Wutanfälle abzugewöhnen, womit man den ohnehin schon schmerzhaften Prozess dieser Entwicklung jedoch erschwert! Dies kann Spätfolgen in der weiteren Entwicklung

des Kindes auslösen, die vorerst nicht erkennbar oder absehbar sind.

1.1.2 Charakterbedingte Wut- oder Trotzreaktionen

Charakterbedingte Wut- oder Trotzreaktionen liegen im Wesen des Kindes begründet, unabhängig von Erziehung und Entwicklungsphasen. Diese Kinder werden gerne als schwierig oder gar ADHS-gestört empfunden. (vergl. Henning Köhler: „War Michel aus Lönneberga ADS-gestört?") Es sind meist Kinder mit starken Gefühlen, großer Kreativität und viel Energie, also wunderbaren Anlagen, sieht man einmal davon ab, wie schwer diese Kinder das Leben selbst nehmen und auch ihrer Umwelt machen! Sie können im höchsten Maße an der Ungerechtigkeit der Welt verzweifeln, ertragen keine Niederlagen, können nur schwer mit Verzicht umgehen und geraten in größte Verwirrung, wenn etwas nicht so läuft, wie sie es erwartet haben. Ihre Reaktion auf diese und andere Widrigkeiten des Lebens ist laut und vehement und nervenaufreibend für alle Beteiligten. Auch hier gilt: Dieses Kind leidet selbst in noch größerem Maße an diesem, seinem Wesenszug, als alle anderen, die es „ertragen" müssen! Seine starken Gefühlsausbrüche sind Ausdruck seiner inneren Not, quasi ein Hilferuf an uns Erwachsene! Sie sind auf unsere Unterstützung und unser Verständnis angewiesen, mehr als alle anderen Kinder! Wer hier von Schuld oder Ungezogenheit spricht, tut dem Kind nicht nur Unrecht, sondern schürt seine Verzweiflung noch mehr!

Auch hier gilt: niemals das Kind alleine lassen in seiner Not oder es gar strafen für sein Verhalten!

In meiner Kindergartenarbeit habe ich immer wieder mit diesen „schwierigen" Kindern zu tun.

Eines dieser Kinder brach regelmäßig beim geringsten Anlass in ein unsägliches Wolfsgeheul aus. In Absprache mit der Mutter und den Kolleginnen beschlossen wir, dieses Kind bei jedem dieser Anlässe, sei er auch noch so nichtig, liebevoll auf den Arm zu nehmen und zu halten, damit es seinen

„Schmerz" nicht alleine tragen muss. Am folgenden Beispiel lässt sich unschwer erkennen, wie groß seine Not bei scheinbar kleinen Anlässen sein konnte: Er war ein leidenschaftlicher Fußballfan und bewunderte Oliver Kahn, wie es sich für einen anständigen Fußballfan gehörte.

Als er einmal im Garten mit den anderen Kindern Fußball spielte, natürlich als Torwart, schoss ein Kind den Ball an ihm vorbei ins Tor. Darüber war er so verzweifelt, dass er sich auf den Boden warf und sein Wolfsgeheul anstimmte. Er sei doch Oliver Kahn, da könne doch keiner einfach den Ball an ihm vorbeikicken! Für uns Erwachsene entbehrte diese Reaktion natürlich nicht einer gewissen Komik! Normalerweise würde man hier in schallendes Gelächter ausbrechen und dem brüllenden Kind humorvoll klarzumachen versuchen, dass das doch kein Grund sei für derartiges Geschrei – nicht so schlimm – Oliver Kahn schieße auch gelegentlich daneben – und überhaupt gäbe es Schlimmeres – und ihn mit weiteren beruhigend gemeinten Wortgeschützen bombardieren. Dennoch nahmen wir ihn einfach nur auf den Arm und boten ihm den nötigen Trost – natürlich konnten wir das Tor nicht rückgängig machen. Zwei Jahre führten wir diese Strategie durch, bis er von heute auf morgen verkündete, er sei nun groß und könne nicht mehr bei jedem „bisschen" weinen. Er war tatsächlich „groß geworden" und begann nun ganz von selbst, Abstand zu seinen starken Gefühlen zu gewinnen. Natürlich brach gelegentlich noch der Weltschmerz durch und natürlich bekam er auch dann wieder unsere Zuwendung – weinen ist schließlich erlaubt!

Im weiteren Verlauf dieser Schrift wird die Frage nach dem richtigen Umgang mit trotzenden Kindern noch genauer behandelt werden.

1.1.3 Erziehungsbedingter Trotz

Erziehungsbedingter Trotz ist die einzige Form von Trotz, die sich erfolgreich bekämpfen bzw. vermeiden lässt durch eine grundlegende Änderung des eigenen Erziehungsstils. Auch hier gilt die Grundregel, dass niemals von Schuld oder böser Absicht vonseiten des Kindes die Rede sein kann! Überhaupt sollte in der Kindererziehung nicht von Schuld gesprochen werden! Weder aufseiten des Kindes noch der Eltern. Eltern geben in der Regel ihr Bestes in der Kindererziehung! Dass ihnen Fehler unterlaufen, ist nur zu verständlich! Hängen unsere Kinder doch oft eng an unserer Nabelschnur!

Ebenso gilt auch hier die Tatsache, dass das Kind in seinem Trotz, seiner Wut leidet. Eine richtige Erziehung wirkt im Vorfeld; bekommt ein Kind einen Wutanfall, der weder charakter- noch entwicklungsbedingte Ursachen hat, ist in der Erziehung im Vorfeld etwas falsch gelaufen.

Häufige Ursachen für erziehungsbedingten Trotz sind:

- Verunsicherung des Kindes durch Unsicherheit der Eltern
- Unklare Grenzen
- Überforderung des Kindes durch zu viel Verantwortung, die der Erwachsene dem Kind überträgt
- Zu früh zu viel Entscheidungsfreiheit
- Zu enge Grenzen – Überbehütung
- Unklare Sprache – Kommunikationsstörungen
- Rollenzuweisung

Verunsicherung

Wer kennt sie nicht, die Situationen, in denen man es einfach nicht schafft, klar und eindeutig zu sein. Sagt man ‚Nein‘, muss man sich mit dem Widerstand des Kindes auseinandersetzen oder seine Tränen ertragen. Sagt man ‚Ja‘, weiß man im Grunde, dass es nicht richtig in dieser Situation ist. Also sagt man „Jain“ oder gar erst ‚Nein‘ und dann doch ‚Ja‘. Wer wüsste nicht, dass dies eine pädagogische Todsünde ist! Und dennoch passiert es immer wieder – gewissermaßen wider besseres Wissen. Man ist überfordert, kann sich selbst nicht entscheiden oder hat gerade keine Zeit oder gar Angst vor dem Urteil des „Publikums“ über die allzu große Strenge. So fängt man an, Ausnahmen zu machen, die sich unweigerlich mit der Zeit so häufen, dass man am Ende in Teufels Küche kommt.

Wie soll ein Kind da nicht verunsichert sein? Da unsere Kinder in der Regel nicht dumm sind, werden sie natürlich auch immer wieder versuchen, unser ‚Nein' mit allen Mitteln in ein ‚Ja' zu verwandeln und schon hat man den vorprogrammierten Trotzkopf, der bei jeder Gelegenheit erst einmal brüllt, anstatt unser ‚Nein' zu akzeptieren. Schaffen wir es aber, vor einer Entscheidung kurz nachzudenken, ob wir ein ‚Nein' auch durchhalten können oder ob das ‚Nein' wirklich notwendig ist, ob vielleicht ein positives, überzeugtes ‚Ja' angebrachter wäre, geben wir unserem Kind damit die Sicherheit, die es braucht. Sein Widerstand, in welcher Form er auch immer auftritt, wird zunehmend geringer werden, je weniger er von Erfolg gekrönt ist.

Unklare Grenzen

Beispielhaft hierfür ist die viel zitierte Supermarktsituation, in der wir verzweifelten Mütter unsere schreienden Kinder am Süßigkeitenregal vor der Kasse vorbeizuschleusen versuchen, möglichst ohne allzu viel Aufsehen in der Warteschlange zu erregen. Ich selbst habe hier eines der wenigen Highlights meiner eigenen Mutterkarriere erlebt! Ich war als Mutter von drei recht temperamentvollen Töchtern keineswegs ein Paradebeispiel an Pädagogik. Durch meine damalige, sehr enge finanzielle Situation hatte ich jedoch keine andere Wahl, als ‚Nein' zu sagen zu den üppigen Wünschen meiner Töchter, sodass ich zumindest in diesem Punkt – aus reiner Not – immer konsequent war. Eines Tages sprach mich eine, ebenfalls in der Schlange an der Kasse wartende Dame auf meine wohlerzogenen Kinder an, die ihr schon mehrfach aufgefallen seien, ganz im Gegensatz zu vielen anderen, meist quengelnden oder schreienden Kindern, samt nörgelnden, dauergenervten Müttern, die sich am Ende doch immer zu den gewünschten Gummibärchen, der Kinderschokolade, den Überraschungseiern, und was sonst noch das Kinderherz begehrt, erweichen ließen. Läuft man doch Gefahr, mit dem Protest der Kinder die Aufmerksamkeit und die Kritik der ‚Mitwartenden' zu erregen. Ich habe mir zur Gewohnheit gemacht, wann immer ich einer Mutter an der Supermarktkasse begegne, der es gelingt, ihr vehement protestierendes Kind mit einem eindeutigen ‚Nein' an der Kasse vorbeizuschleusen, dieser lautstark meine Hochachtung zu signalisieren – nicht selten gegen missbilligende Äußerungen der anderen Wartenden!

Hätte ich dieser Situation damals mehr Bedeutung beigemessen und mein konsequentes Verhalten auf viele andere Situationen übertragen, hätte ich sicher ein wesentlich leichteres und harmonischeres Leben mit meinen Kindern gehabt. Ebenso meine Kinder mit mir!

Es geht nicht nur um die Erleichterung, die man sich als Eltern durch Eindeutigkeit und Sicherheit im Umgang mit den Kindern schafft, sondern vielmehr um die Not, die Unsicherheit, die wir unseren Kindern bereiten, durch Wankelmütigkeit und Unentschlossenheit. Die Reaktion der Kinder, Gequengel oder Wutanfälle, ist meist nichts anderes als der Ausdruck ihrer Verwirrung. Wie soll ein Kind Vertrauen und Sicherheit empfinden bei einer Mutter oder einem Vater, die offenbar selbst nicht wissen, was gut oder schlecht ist? Damit signalisiere ich dem Kind meine eigene Unsicherheit, was zwangsläufig geradezu beängstigend sein muss für das schutzbedürftige Kind! Wie kann mich jemand beschützen, der selber unsicher ist oder gar Angst hat? „Meine Mama weiß, was für mich gut ist" – dieser einfache Satz von Jirina Prekop sagt genau das, was ein Kind braucht, um sich in Vertrauen und Sicherheit entwickeln zu können.

Zu enge Grenzen

Neben zu lockeren Grenzen können ebenso zu enge Grenzen den Unwillen der Kinder hervorrufen. Kindererziehung ist bekanntlich eine Gratwanderung, in der ein ‚Zu viel' ebenso schädlich sein kann wie ein ‚Zu wenig'.

Überbehüteten Kindern fehlt oft die Luft zum Atmen. Auch traut man Kindern, die man zu sehr behütet, meist nicht viel zu, was wiederum deren Selbstständigkeit und Selbstvertrauen behindert. Wenn diese Kinder sich Luft in ihren beengten Grenzen zu machen versuchen, ist das nicht weiter verwunderlich. Dies kann sich sowohl in Wut als auch in weinerlicher Resignation oder Mutlosigkeit äußern.

Wird ihnen durch große Strenge beigebracht, ihre Wut zurückzuhalten, kann sich ein gewaltiges Potential an Aggressivität anstauen, das sich früher oder später entladen wird.

So ist es also wichtig, dass wir mit größtmöglichem Feingefühl den guten Mittelweg auf dem Grat der schwierigen Aufgabe der Kindererziehung finden!

Überforderung

Überfordere ich mein Kind, indem ich ihm Entscheidungen überlasse, die es noch gar nicht tragen kann, erreiche ich dadurch nicht etwa Selbstständigkeit und Verantwortungsbewusstsein, sondern eher Angst und Unsicherheit oder Widerwillen und Trotz. Überlasse ich meinem Kind eine Entscheidung, verlange ich gleichzeitig, dass es die Verantwortung über die Konsequenzen dieser Entscheidung trägt. Meist macht man ihm ja freundlicherweise die Konsequenzen sogar rechtzeitig klar: „... wenn du die Gummistiefel nicht anziehst, kriegst du nasse Füße und wirst krank ...". Am Ende heiß es dann: „... siehst du – das hab ich dir doch gleich gesagt ..." oder: „... das hast du nun davon ...!" Mit dieser äußerst lieblosen Schuldzuweisung erreicht man nichts außer Frustration, Trauer, Trotz oder wieder Unsicherheit. Wenn wir ehrlich sind, werden wir zugeben müssen, dass wir dem Kind nicht etwa Entscheidungen überlassen aus Großzügigkeit oder pädagogischer Überzeugung, sondern meist aus Bequemlichkeit oder Angst vor Auseinandersetzung. Nur wird unsere Bequemlichkeit langfristig auf eine harte Probe gestellt werden, wenn wir am Ende die Konsequenzen tragen müssen, die unsere Bequemlichkeit im Verhalten der Kinder auslöst! Abgesehen davon, dass wir damit unsere Kinder zu „schwierigen Fällen" machen, die uns ihre Nöte durch Tränen oder gar Wutanfälle signalisieren, machen wir ihnen wiederum das Leben schwerer als uns klar ist. Meist erleben wir nur unsere eigene Not, wenn das Gebrüll der lieben Kleinen an unseren Nerven zerrt, die Not der Kinder ist aber weit größer und folgenschwerer!

Sprachgewohnheiten

Ein weiterer Aspekt sind unsere Sprachgewohnheiten: „Könntest du dich vielleicht mal bitte ein bisschen beeilen?" Mit diesem Satz, der auf den ersten Blick nicht weiter ungewöhnlich wirkt, versuchte eine meiner Kindergartenmütter ihren 3-jährigen Sohn jeden Morgen zur Eile anzutreiben – vergeblich übrigens! Aber was sagt dieser Satz wirklich aus? Zunächst ist er, grammatisch gesehen, eine Frage. Auf eine Frage gibt es in der Regel mehr als nur eine Antwort. Stellen wir uns vor, das Kind nimmt uns beim Wort und beantwortet diese Frage mit „Nein"! Schon ist es ungehorsam und frech. Dazu kommt, dass unsere Körpersprache, unser Tonfall bei einem solchen Satz keineswegs dem Inhalt der Aussage entspricht. Selbstverständlich ist dieser Satz weder als Bitte noch als Frage gemeint, sondern als eindeutiger Befehl, um es drastisch auszudrücken. Es ist eine Anweisung, die das Kind zu befolgen hat. Mit dieser Formulierung signalisieren wir dem Kind jedoch etwas vollkommen Widersprüchliches. Zusätzlich verlangen wir von unserem Kind, dass es eigenständig unsere unkorrekte Formulierung interpretiert und nach dieser möglichen Interpretation handelt. Wir fordern also das Kind auf, uns Erwachsene nicht beim Wort – also nicht ernst zu nehmen, weil wir das, was wir sagen, natürlich ganz anders meinen. Welch eine unzumutbare Überforderung!

Kein Wunder, dass dieser, eigentlich äußerst nette, umgängliche 3-Jährige in seiner Verzweiflung nur noch mit Protest, demonstrativer Langsamkeit oder aber gar nicht reagiert! Wie einfach – für Mutter und Kind – wäre es zu sagen: ‚Bitte beeil' dich, ich muss schnell zur Arbeit.' Liebevoller wäre es, wenn das Kind selbst noch müde ist am frühen Morgen und noch dazu recht klein, zu sagen: ‚Ich helfe dir, dass es schneller geht ...'

So gibt es in unserem Sprachgebrauch eine Unmenge von Redewendungen, die schon unseren Eltern und Großeltern so geläufig waren, dass der Unsinn dieser Sätze kaum mehr bemerkt wird.

Ein weiterer Fall aus meinem Kindergartenalltag macht geradezu schmerzlich deutlich, wie groß die Not eines Kindes sein kann, die allein durch sprachliche Negativbotschaften ausgelöst wird. Es war ein braves, sehr zartes und sensibles Mädchen, das nach dem anstrengenden Kindergartenalltag meist sehr erschöpft nach Hause kam. Sie wurde mit erschreckender Regelmäßigkeit mit verbalen Lieblosigkeiten empfangen, die von der Mutter sicher nicht so gemeint waren! Natürlich kam das hungrige, erschöpfte Kind nicht fröhlich und gut gelaunt zur Tür herein, sondern nörgelnd und jammernd, Jacke und Schuhe fallen lassend. Täglich wurde sie begrüßt mit beißender Ironie, statt liebevollem Verständnis: „Wenn du nun die Güte hättest, deine Schuhe anständig aufzuräumen und ein freundlicheres Gesicht zu machen, könnten wir uns direkt gut verstehen ..." oder schlimmer: „Mit dieser Laune kannst du gleich in dein Zimmer gehen ..." usw. Dass dieses hinreißend nette und eigentlich unkomplizierte Kind regelmäßig nicht nur in Tränen, sondern geradezu in verzweifeltes Wutgeheul ausbrach, ist nicht verwunderlich! Ironie, Falschaussagen und Negativbotschaften stecken in all diesen Redewendungen, die unsere Kinder verwirren, verunsichern oder verletzen. Viele Kindertränen ließen sich vermeiden, indem wir unsere Sprachgewohnheiten ändern, eine klare und einfache Sprache mit unseren Kindern sprechen würden.

Auch die Unart vieler wohlmeinender Eltern und auch Pädagogen!, die Kinder mit einem Wortschwall von weitreichenden aber überflüssigen Erklärungen zu überschütten, bewirkt in der

Regel nichts anders als den Unwillen der Kinder – zu Recht! Dienen die wortreichen Erklärungen der Erwachsenen meist doch nur ihrer eigenen Rechtfertigung! Zum einen können die Kinder eine derartig wortreiche Erklärung kaum aufnehmen, was sie wiederum verunsichert – und zum anderen interessiert es die Kinder meist nicht, *warum* sie etwas nicht dürfen. Für sie zählt nur, *dass* sie es nicht dürfen.

Rollenzuweisung

Ein weiterer Grund für „hausgemachte" Trotzreaktionen eines Kindes kann die Rollenzuweisung sein. Das bedeutet, dass ein Kind unbewusst eine Rolle übernimmt, die ihm – ebenfalls unbewusst – zugewiesen wird.

Diese Rollen können sehr unterschiedlich sein, wie auch die Gründe sehr unterschiedlich sind, die ein solches „Rollenspiel" notwendig machen. So gibt es z. B. Familien, die ein Problemkind „brauchen", um vom eigentlichen Familien- oder Eheproblem abzulenken. Andere müssen eine Rolle mit bestimmten Charakterzügen spielen, z. B. Trotzkopf, Tollpatsch oder Träumer. Da Kinder in erster Linie geliebt werden wollen, entsprechen sie so gut sie können den Erwartungen ihrer Umwelt. All das spielt sich sowohl beim Erwachsenen als auch beim Kind selbstverständlich vollkommen unbewusst ab.

Ein interessantes Beispiel aus meinem Kindergarten soll hier eine Möglichkeit aufzeigen, wie ein solches Muster aufzubrechen ist.

Ein Kind, ich will es hier Tim nennen, war der typische Rabauke und Störenfried seiner Gruppe. Was auch immer passierte, immer hieß es gleich: „Das war der Tim!" So wurde Tim im Laufe der Zeit immer schlimmer, welche „Maßnahmen" die Erzieherin auch immer anwendete.

Wir beschlossen, Tim in eine andere Gruppe zu nehmen, in der Hoffnung, ihn von dieser unsäglichen Rolle befreien zu können. Zu diesem Zweck befolgten wir eine recht einfache, aber wirkungsvolle Strategie: Wir sprachen über ihn – ganz „zufällig" in seiner Gegenwart – ausschließlich positiv! So sagte eine Kollegin z. B. zu mir: „Ich bin ganz neidisch, dass du den Tim in deine Gruppe bekommst. Der Tim ist ein so nettes Kind, den hätte ich selber gern in meiner Gruppe ...“ usw. Tim bekam Riesenohren und große Augen, sein ungläubiger Gesichtsausdruck fing zu strahlen an. Natürlich war ihm nicht klar, dass er es durchaus hören sollte. Bei jeder Kleinigkeit, die er gut gemacht hatte, lobten wir ihn überschwänglich. Vom ersten Tag an war er ein anderes Kind! Er gab sich derartig Mühe, den Erwartungen zu entsprechen, die ja nun plötzlich offenbar äußerst positiv waren, dass man ihn kaum wiedererkannte. Natürlich verfiel er gelegentlich in alte Gewohnheiten und zerstörte etwas oder ärgerte andere Kinder in alter Manier. Da unsere Reaktion aber nicht böse, sondern nur äußerst erstaunt und eher traurig war, bemühte er sich immer wieder darum, auch wirklich der nette Tim zu sein, den wir offenbar in ihm sahen. Bald konnte man ihm bedenkenlos die Verantwortung für kleinere Kinder übertragen, die er absolut gewissenhaft und liebevoll übernahm! Mit der Zeit fanden wir heraus, dass er immer dann besonders schwierig und aggressiv war, wenn zu Hause geschlachtet wurde. Er hatte eine tiefe Beziehung zu den Tieren auf dem Hof des Vaters.

An diesem Beispiel kann man zwei Dinge erkennen: zum einen, dass Rollenverhalten durchaus aufzubrechen ist, womit man das Kind befreien und glücklich machen kann und gleichzeitig seinen Mitmenschen das Leben erleichtert. Zum anderen hat es immer Gründe, wenn ein Kind schwierig ist, launisch, aggressiv oder trotzig. Hier sind es u. a. die geschlachteten Lämmer, die unseren Tim zutiefst geschmerzt haben und – unter der rauen Schale war ein durchaus zarter Kern zu finden!

1.2 VIER TODSÜNDEN IM UMGANG MIT TROTZ

1.2.1 Blockieren, strafen, aussperren

Alle vier Varianten sind nicht ideal, obwohl einige davon sogar als pädagogisch gelten! Langfristig muss man mit teils schwerwiegenden Folgen rechnen:

Im ersten Fall – blockieren, strafen, aussperren – lässt man das Kind allein in seiner Not, was vordergründig möglicherweise sogar von Erfolg gekrönt sein kann! Tatsächlich lernt das Kind nichts anderes als: „Man liebt mich nur, wenn ich brav bin – wenn ich funktioniere!"

Es wird also auf eine bestimmte Verhaltensweise konditioniert, die es sicher auch brav lernen wird, denn es will ja schließlich geliebt werden! Der Erwachsene wird dann schlimmstenfalls auf der Couch eines Psychiaters liegen, um zu lernen, seine Gefühle, seine unterdrückte Wut wieder zuzulassen!

1.2.2 Nachgeben

Im zweiten Fall – nachgeben – gaukelt man dem Kind eine Welt vor, die so nicht existiert. Man verschiebt praktisch nur das Problem bzw. die Wut oder die Verzweiflung! Mit der Zeit wird das Kind immer weniger in der Lage sein, mit den Widrigkeiten des Lebens und der Welt fertig zu werden und in immer größere Verzweiflung geraten, wenn es denn einmal doch nicht möglich sein sollte, alle Wünsche erfüllt zu bekommen. Die Frustrationstoleranz sinkt zunehmend, die Wutanfälle werden sich steigern, immer häufiger auftreten, die Anlässe immer geringer. Am Ende wird es kaum mehr in der Lage sein, die geringste Frustration auszuhalten.

1.2.3 Ablenken, bestechen

Auch die dritte Variante – ablenken, bestechen – sieht anfangs recht erfolgversprechend aus. Sie gilt vielerorts sogar als äußerst pädagogisch! Man male sich aber einmal die Folgen aus, die eintreten können, wenn man einem Menschen beibringt, dass alle nicht erfüllbaren Bedürfnisse mit einer Ersatzbefriedigung zu beheben sind. Im Extremfall legt man hier die Grundlagen für Alkoholismus, Drogenkarriere, Essstörungen oder Schlimmeres! Beim Kind sind es noch harmlose Gummibärchen, mit denen man die Tränen stillt, beim Jugendlichen kann es schon der Alkohol sein, wenn die Freundin einen verlässt, oder wenigstens eine Zigarette oder „Fressanfälle", wenn man nur gelernt hat, Frustration mit Ersatzbefriedigungen zu lindern!

1.2.4 Bagatellisieren

Die vierte Variante: Das Bagatellisieren eines Schmerzes oder eines Ärgernisses („... ist doch nicht so schlimm ..." oder: „... wegen so einer Kleinigkeit macht man doch nicht so ein Theater ...") vermittelt dem Kind in erster Linie den Eindruck: Was ich fühle oder denke, ist falsch. Das treibt ein verzweifeltes Kind meist in noch größere Verzweiflung! Es wird sich zunehmend unverstanden fühlen, weil es bei jeder stärkeren Gefühlsregung signalisiert bekommt: „Dein Gefühl ist übertrieben oder falsch – du bist falsch in deiner Wahrnehmung."

In diesem Bewusstsein gibt es nur eine einzig richtige und logische Handlungsweise:

- Das Kind begleiten und stützen mit seinen starken Gefühlen, es aber niemals allein lassen in seiner Not. Lässt man es allein, gibt man ihm das Gefühl, nicht geliebt zu werden, wenn es sich so „unerträglich" verhält. Gerade in einer solchen Situation braucht es unsere liebevolle Unterstützung!

- Die Widrigkeiten der Welt, des Lebens nicht aus dem Weg räumen, sondern – gemeinsam – mit dem Kind ertragen lernen oder möglicherweise sogar konstruktiv zu beheben, indem man gemeinsam nach angemessenen Lösungen sucht! So kann das Kind lernen, ein Problem zu lösen, anstatt ihm aus dem Weg zu gehen.

- Die künftigen Ehepartner Ihrer Kinder werden es Ihnen danken!

- Niemals ablenken, sondern dem Kind vielmehr die Fähigkeit vermitteln, Schmerz oder Frustration auszuhalten, damit umzugehen und natürlich auch hier nach angemessenen Lösungen zu suchen – nicht nach Ersatzbefriedigungen!

- Das Kind ernst nehmen in seiner Not! „Ich verstehe deinen Schmerz, ich weiß, es tut weh – es ist aber nicht zu ändern ..." anstatt: „Das ist doch nicht so schlimm ...".

1.3   UMGANG MIT TROTZ UND WUT

Sinnvoll ist es, bereits im Vorfeld zu agieren! Das erfordert große Wachsamkeit, Klarheit und Eindeutigkeit. Weiß ein Kind durch Erfahrung, dass bei Regenwetter immer Gummistiefel angezogen werden – ohne Wenn und Aber –, wird es früher oder später ohne Protest zur Einsicht gelangen! Gibt es ständig Diskussionen über das Thema, wird es immer wieder versuchen, mit Protest und Gebrüll zu „siegen" und die Sache wird zum Machtkampf. Das gilt für alle Situationen, in denen der Erwachsene wissen sollte, was dem Kind guttut.

Ist ein Zornausbruch nicht mehr zu vermeiden, gilt für alle drei genannten Formen von Trotz oder Wut, ob entwicklungsbedingt, wesens- oder erziehungsbedingt, das Gleiche: Niemals ein Kind alleine lassen mit seinen starken Gefühlen, die einen Wutausbruch begleiten!

Eine Möglichkeit ist das Festhalten (vergl. Jirina Prekop: „Festhaltetherapie"). Ein schreiendes Kind, das in seiner Wut mit seinen überstarken Gefühlen nicht mehr ansprechbar ist, braucht Halt und Geborgenheit. Das Festhalten kann dem Kind diesen Halt geben. Allerdings kann dieses Festhalten auch ausgesprochen gefährlich sein, wenn es zu einem Machtkampf zwischen Mutter/Vater und Kind ausartet.

Dieses Festhalten wirkt auf den ersten Blick oft grausam. Immerhin ist es vordergründig ein Gewaltakt, der meine ganze überlegene Körperkraft erfordert, um dieses tobende Bündel oft gegen seinen Widerstand sicher im Arm zu halten.

Wichtig ist, dass man das Kind mit Liebe und Verständnis festhält, auch gegen seinen vehementen Widerstand!

Ich wende diese Methode häufig in meinem Kindergarten an – mit großem Erfolg! Es erfordert viel Kraft und Geduld. Am anstrengendsten ist nicht der körperliche Kraftakt, das tobende Kind in meinen Armen zu bändigen, sondern vielmehr die notwendige Kontrolle meiner Gefühle. Macht mich das Kind in seiner Wut selbst wütend oder ungeduldig, darf ich es um keinen Preis gewaltsam festhalten. Schaffe ich es jedoch, liebevolle, gar mütterliche Gefühle dem Kind entgegenzubringen, wird die Aktion von Erfolg gekrönt sein. Das erfordert ein hohes Maß an Energie und Selbstbeherrschung! Meist dauert dieser Prozess weit mehr als eine halbe Stunde. Nimmt der Prozess einen positiven Verlauf, wird das Kind in meinen Armen früher oder später weich und sogar anschmiegsam und beginnt den Halt und die Geborgenheit, die ich ihm biete, anzunehmen und zu genießen. Später sucht es in der Regel verstärkt meine Nähe und entwickelt eine tiefe, vertrauensvolle Beziehung zu mir. Geht es schief, wird das Kind mich meiden und es wird schwer sein, in Zukunft eine Beziehung zu ihm aufzubauen. Im schlimmsten Fall breche ich die Persönlichkeit des Kindes, wenn ich es gewaltsam festhalte, ohne ihm die nötige Wärme und Geborgenheit zu vermitteln. In der Regel lässt sich das Kind, das ich einmal gehalten und begleitet habe in seiner Wut, das nächste Mal mit weit weniger Widerstand halten und am Ende kommt es oft sogar von selbst, um im Falle der Not gehalten zu werden.

Ist einem diese Methode zu radikal oder ist man selber in zu starken Gefühlen gefangen, was leicht geschehen kann im Eifer des Gefechts, gibt es auch die Möglichkeit, den Partner zu bitten, das zornende Kind festzuhalten, sofern er anwesend ist oder eine andere vertraute Person. Lassen die äußeren Umstände oder die eigene Gefühlslage ein Festhalten nicht zu, sollte man wenigstens das Kind in seiner Nähe belassen, wenn möglich in einem ruhigen Raum, ohne äußere Störungen.

Überschüttet man das Kind mit einem Wortschwall wohlmeinender Erklärungen, um ihm die Sinnlosigkeit seines Zorns zu vermitteln, erreicht man meist nur das Gegenteil, nicht aber das Kind. Singen Sie bzw. summen Sie leise eine einfache, ruhige Melodie, so wird sich das Kind eher beruhigen als mit gut gemeinten Worten!

Für die kleinen Alltagsschmerzen, auf die ein Kind mit großem Gebrüll reagiert, reicht oft ein Pflaster, verbunden mit der Zusicherung, dass man durchaus Verständnis für die große Tragweite des kleinen Missgeschicks hat. Lassen Sie das Kind ein wenig weinen, halten und trösten Sie es – ohne Ablenkung! Schmerz auszuhalten, will gelernt sein!

1.4 ERSCHEINUNGSFORMEN VON TROTZ UND WUT

Neben der klassischen, lautstarken Äußerung von Trotz und Wut gibt es auch eine unterschwellige Form des Widerstandes. Diese subtile Erscheinungsform von Trotz oder Wut ist schwer zu erkennen und wird oft falsch interpretiert. Sie äußert sich u. a. in Form von:

- Bettnässen
- Einnässen und/oder Einkoten, tagsüber
- Essstörungen
- Rückzug in eine Traumwelt
- Extreme Langsamkeit

Die Kinder, die aufgrund ihrer Wesensstruktur diese Form des Widerstandes wählen, wirken vordergründig wesentlich pflegeleichter als diejenigen, die sich mit Macht und Lautstärke Gehör zu verschaffen pflegen. Letztendlich erfordern sie jedoch wesentlich mehr Aufmerksamkeit und Wachheit, da ihre weit subtileren Unmutsäußerungen nur schwer zu erkennen sind. Die genannten Symptome sind oft bereits Alarmsignale, deren Ursachen jedoch mit dem nötigen Feingefühl erkannt und behoben werden können.

1.5 VORSCHLÄGE FÜR DEN ALLTAG

Nehmen Sie sich ein wenig Zeit, in der Sie Ihre ganze Aufmerksamkeit dem Kind widmen. Zehn Minuten ungeteilte Aufmerksamkeit ist wirkungsvoller als ein ganzer Tag halbe Aufmerksamkeit! Dadurch wird Ihr Kind zufriedener sein und Sie am Ende mehr Zeit für die alltäglichen Aufgaben haben!

Rituale

Für die täglichen Reibereien in immer den gleichen Situationen sind Rituale ein hilfreiches Mittel. Die leidigen Diskussionen oder Widerstände beim Zu-Bett-Bringen der Kinder z. B. lassen sich leicht entschärfen durch ein immer gleich bleibendes Ritual. Bringen Sie das Kind immer zur selben Zeit zu Bett, mit Geschichte, Gebet, Kerzenschein oder Gesang, was auch immer am besten zu Ihrem Familienleben passt. Wichtig ist, dass ein Ritual dauerhaft ist! Bei häufigem Wechsel ist das Ritual kein Ritual mehr und die gewünschte Wirkung bleibt aus!

Regeln

Wenige, aber unumstößliche Regeln ersparen ermüdende Diskussionen und regelmäßige Trotzreaktionen der Kinder! Wichtig auch hier: Die Regeln müssen langfristig gelten und dürfen nicht alle Tage geändert werden! Ausnahmen sollten Ausnahmen bleiben!

Ursachen

Versuchen Sie im Bewusstsein zu behalten, dass Trotz oder Wut immer Gründe haben. Haben Sie das verinnerlicht, können Sie viele Situationen vermeiden, in denen man sich gegenseitig hochschaukelt, bis am Ende beide – Eltern und Kind – in Rage geraten.

Versuchen Sie, bevor Sie auf Trotz reagieren, nach den Gründen zu forschen. Oft sind es nur einfache Kleinigkeiten, wie die Erschöpfung nach einem anstrengenden Kindergartentag oder ein belastendes Erlebnis in Schule, Kindergarten oder beim Nachbarskind, weshalb das Kind zu Hause „unausstehlich" ist.

Sprachgewohnheiten

Achten Sie auf Ihre Sprachgewohnheiten! Formulieren Sie Ihre Anweisungen klar und eindeutig, Kritik positiv! Sagen Sie z. B.: „Gestern hast du deine Schuhe so schön aufgeräumt, komm, wir machen das heute wieder so" – anstatt: „Du hast ja schon wieder deine Schuhe nicht aufgeräumt!"

Positive Zuwendung

Versuchen Sie dem Kind für gutes Betragen Aufmerksamkeit zu schenken und behandeln Sie schlechtes Betragen mit möglichst wenig Aufmerksamkeit. Oft sind Kinder laut und anstrengend, weil sie dadurch mehr Beachtung bekommen, als wenn sie ruhig und freundlich sind.

Wohldosierte Wortwahl

Entzieht sich Ihr Kind Ihren Anforderungen durch extremes Trödeln, Flucht in eine Traumwelt oder chronisches „Weghören", überprüfen Sie, ob es vielleicht überfordert ist durch zu viele Worte, Erklärungen oder mehrere Anweisungen gleichzeitig („Zieh auch die Gummistiefel an und vergiss nicht, die Hausschuhe wegzuräumen und denk daran, dass du pünktlich nach Hause kommst, mach die Jacke zu, sei brav und ärgere die Oma nicht ..."). Beschränken Sie sich auf eine Anweisung, bis diese erfüllt ist, und sprechen dann erst die nächste aus. Das kostet zunächst ein wenig mehr Geduld und Aufmerksamkeit, wird Ihnen und Ihrem Kind aber langfristig das Leben erleichtern. Das betrifft besonders die Kinder, die mit unterschwelligem Widerstand agieren.

Sie sind der Chef!

Beachten Sie, dass Ihre Anweisungen keiner Erklärung oder Rechtfertigung bedürfen, sofern Sie sich Ihrer Sache sicher sind! Zu viele zu theoretische Erklärungen verunsichern und überfordern das Kind.

Sie sind der Erwachsene, der die Welt besser kennt und weiß, was dem Kind guttut – das muss nicht erklärt oder gar gerechtfertigt werden!

Gleichbleibende, verlässliche Maßnahmen

Wiederholt Ihr Kind immer wieder die gleiche „Untat", Sie haben schon alles probiert und es artet am Ende immer in Streit und Auseinandersetzung aus, entscheiden Sie sich für eine gleichbleibende Maßnahme und ändern diese langfristig nicht. Es kann eine Weile dauern, aber am Ende ist es wirkungsvoller als all die unterschiedlichen Versuche, die „Untat" Ihres Kindes zu unterbinden.

Feste Regeln erleichtern den Alltag und bieten dem Kind Orientierung.

2. STRAFEN

2.1 ÜBER STRAFEN ALLGEMEIN

Der Begriff „Strafe" gehört in die Justiz, nicht aber in die Kindererziehung!

Eine „sinnvolle Strafe" kann es folglich in der Kindererziehung gar nicht geben. Die logische Konsequenz hingegen ist das angemessene Mittel, auf kindliches Fehlverhalten zu reagieren.

2.1.1 Zum Wohle des Kindes!

Bei der Lektüre einiger Elternratgeber oder Erziehungshandbücher sowie in vielerlei Gesprächen mit Eltern und auch Pädagogen drängt sich mir oft der Eindruck auf, dass Kindererziehung immer mehr als Mittel betrachtet wird, dem Erwachsenen das Leben mit den Kindern möglichst störungsfrei zu gestalten bzw. das Kind zu einem möglichst angepassten und funktionsfähigen Mitglied unserer Gesellschaft zu (ver)formen. Das klingt erschreckend und ist – zum Glück – nicht immer wahr!

Wir dürfen niemals aus den Augen verlieren, dass die Kindererziehung in allererster Linie dem Wohl unserer Kinder gewidmet sein muss!

Erziehen wir unsere Kinder in diesem Bewusstsein, wird unser Zusammenleben mit ihnen nicht nur weitgehend „störungsfrei", sondern auch glücklich und harmonisch sein!

Das heißt nicht, dass wir unsere Kinder aus lauter Liebe verwöhnen müssen!

Eine von Liebe und Verständnis geprägte klare Führung dient am ehesten dem Wohl des Kindes wie auch einem harmonischen Familienleben!

2.1.2 Strafe als Konsequenz für Fehlverhalten

Der Begriff „Strafe" ist in unserem Sprachgebrauch so geläufig, dass niemand auf die Idee käme, die Frage zu stellen: Was ist Strafe überhaupt?

Wenn wir aber Strafe angemessen und sinnvoll und vor allem zielorientiert, also erfolgreich in der Kindererziehung einsetzen wollen, sollten wir uns durchaus Gedanken darüber machen!

In erster Linie soll Strafe dazu dienen, Fehlverhalten und schlechte Gewohnheiten möglichst erfolgreich zu bekämpfen.

Da in der modernen Gesellschaft leider immer weniger Raum für die gesunde und ungestörte Entwicklung unserer Kinder bleibt, werden die Kinder immer schwieriger. Die Situationen häufen sich, in denen man als – oft verzweifelte oder überforderte – Eltern den Schwierigkeiten nicht mehr Herr wird. So werden Strafen immer gedankenloser verhängt, die zum Leidwesen aller Beteiligten offenbar kaum noch die gewünschte Wirkung zeigen.

Um Strafe als pädagogisches Mittel sinnvoll – also zum Wohle aller Beteiligten – einsetzen zu können, müssen wir im Vorfeld folgende Punkte klären:

- Welche Ziele will ich erreichen?
- Hat kindliches Fehlverhalten Gründe?
- Welche Form der Strafe und welches Strafmaß sind angemessen?
- Welche Folgen können unangemessene Strafen haben?
- Wie kann ich vorbeugen – also Strafen vermeiden?
- Meine eigenen Motive und Gefühle

Über die Ziele von Strafe als pädagogischem Mittel sind sich wohl alle einig: Man erhofft sich Besserung, d. h., wir wollen Verhaltensweisen unserer Kinder verhindern oder bekämpfen, die deren gesunde Entwicklung beeinträchtigen oder aber das harmonische Zusammenleben zwischen Kindern und Eltern sowie anderer, zum Umfeld des Kindes gehörender Personen stören. Es sind also nur zwei Lebensbereiche, deren Erhalt mithilfe von Strafe als pädagogischem Mittel sichergestellt werden soll:

- Der Schutz des uns anvertrauten Kindes und dessen gesunde Entwicklung sowie
- Der Schutz der Gemeinschaft, in der das Kind heranwächst

Bevor wir die Frage stellen, welche Verhaltensweisen der Kinder „strafbar" sind, sollten wir uns klarmachen, dass ein Kind immer ohne Schuld ist!

Jede falsche Handlung des Kindes, die wir Erwachsenen meinen, bestrafen zu müssen, beruht entweder auf Schwäche oder Unkenntnis oder aber auf schlechten Gewohnheiten, die meist anerzogen sind.

Das soll nicht heißen, dass die Schuld nun bei den Eltern oder anderen Erziehern liegt. Das Thema Schuld sollte hier generell ganz ausgeklammert werden!

Ob ein bestimmtes Verhalten also dennoch bestraft werden sollte, liegt natürlich im Ermessen eines jeden Erziehenden und hängt vom jeweiligen Erziehungsstil bzw. Erziehungsziel ab sowie von der Entwicklungsstufe, in der sich das Kind befindet.

Ob eine Strafe angemessen ist oder nicht, das im Vorfeld zu entscheiden, fehlt uns oft die Ruhe, die Kraft oder einfach nur der gesunde Menschenverstand.

Eine angemessene und vor allem wirkungsvolle Strafe sollte immer in einem sinnvollen und erkennbaren Zusammenhang zum „Vergehen" des Kindes stehen! Es sollte also eher eine logische Konsequenz statt einer unlogischen Strafe sein!

Die beste Methode ist jedoch immer die vorbeugende! Oft lässt sich eine Situation, die eine Strafe erfordert, schon im Vorfeld vermeiden oder zumindest abschwächen. Dies erfordert allerdings große Wachheit und Aufmerksamkeit des Erwachsenen.

Nicht zuletzt müssen wir uns auch über unsere eigenen Motive und Gefühle im Klaren sein, die bei einer Strafandrohung oder Verhängung eine Rolle spielen. Oft übersehen wir im Eifer des Gefechts, dass eine Strafe, die in Wut, Verzweiflung oder Erschöpfung verhängt wird, nicht immer von guten Gefühlen und bewussten Motiven geleitet ist. Reflektieren wir in einem ruhigen Moment diese, unsere Motive, so stoßen wir oft auf Gefühle, die von Wut, Macht oder gar Rache geleitet sind. Das klingt erschreckend, ist aber leider allzu oft wahr! Auch wenn es verständlich ist, dass unsere Nerven nicht selten am Zerreißen sind, haben wir als Erwachsene doch die größere Verantwortung unseren Kindern und deren Gefühlen gegenüber und nicht umgekehrt!

2.2 GRÜNDE FÜR KINDLICHES FEHLVERHALTEN

Als Handlungsgrundlage ist es nicht nur nützlich, sondern unumgänglich, zunächst die Frage zu stellen: Warum verhält mein Kind sich so und nicht anders?

Wenn wir uns also, bevor wir eine Strafe verhängen, über die Motive, die dem kindlichen Fehlverhalten zugrunde liegen, Klarheit verschaffen, wird die Form und das Maß der Strafe wesentlich gerechter und wirkungsvoller sein! Immerhin sollten wir nicht vergessen, dass es hier nicht um Rache für unbotmäßiges Verhalten unserer Kinder gehen kann, sondern ausschließlich um das Bestreben nach Besserung, und zwar zum Wohle des Kindes!

Bestrafen wir schlechte Gewohnheiten der Kinder, die wir selbst durch unsere Erziehungsfehler verursacht haben, schieben wir unseren Kindern die Verantwortung zu, die wir eigentlich zu tragen haben. Wie oft unterlassen wir es, durch Schwäche, Unsicherheit oder Gedankenlosigkeit auf die Durchführung unserer Gebote zu bestehen! Kommt dies häufig vor, muss ich damit rechnen, dass mein Kind diese Gebote mit der Zeit nicht mehr ernst nimmt und sie zu umgehen versucht.

Dies zu bestrafen, ist nicht nur ungerecht! Auch werde ich dadurch unberechenbar für mein Kind, was wiederum eine starke Verunsicherung hervorruft. Die Kinder sind auf eine verlässliche Führung der Eltern angewiesen! Erhalten sie diese nicht, müssen wir mit Verhaltensweisen rechnen, die wir wiederum meinen, bestrafen zu müssen! Also ein Teufelskreis, der nicht zu durchbrechen ist, besinnen wir uns nicht rechtzeitig auf unsere eindeutige Führungsaufgabe!

Wir alle kennen die leidigen Momente, in denen wir nach reichlichem Gequengel am Ende doch nachgeben, um endlich Ruhe zu haben. Oft lassen wir uns auf Diskussionen ein, auf Machtkämpfe, ohne es zu merken, um am Ende einfach aufzugeben: „Dann mach halt ..." oder: „Tu doch, was du willst ..." heißt es dann, statt dass wir konsequent und ohne Diskussion auf die Durchführung unserer Anweisungen bestehen. Dies ist nichts Neues und jeder weiß es! Dennoch kann man sich die Folgen dieser weitverbreiteten Nachlässigkeiten nicht oft genug vor Augen führen! Legen wir doch genau damit all die schlechten Gewohnheiten bei unseren Kindern an, die wir am Ende meinen, bestrafen zu müssen! Wie unberechenbar wirken wir auf unsere Kinder, wenn wir plötzlich ein Verhalten bestrafen, mit dem sie in anderen Situationen durchaus gut gefahren sind.

Andere Gründe für kindliches Fehlverhalten können in einer unguten Tagesverfassung, schlechten Erlebnissen in Kindergarten oder Schule, seelischer Not u.v.m. begründet sein. Oft erübrigt sich eine Strafmaßnahme, wenn wir die momentane Not des Kindes erkennen. Hier ist meist Verständnis hilfreicher als Strenge!

Ein Kind, das ständig um Aufmerksamkeit kämpfen muss, wenn Mutter oder Vater anderweitig belastet sind, wird sich Dinge einfallen lassen, die wir unbedacht als „Straftaten" verstehen. In seiner Not versucht es aber lediglich, unsere Beachtung zu erlangen, sei es auch nur negative. Auch eine Strafe ist

Aufmerksamkeit – wenn auch eine negative! Reagieren wir doch wenigstens auf das „ungezogene" Kind!

Auch Essstörungen können Ausdruck seelischer Not sein. Ist ein Kind besonders wählerisch, isst schlecht oder „quält" die Mutter mit seinen komplizierten Essgewohnheiten, findet man bei ernsthaften Nachforschungen oft Gründe hierfür in einer ganz unerwarteten Ecke. Ob es vorangegangene „Erziehungssünden" oder andere Gründe sind, sollte man gewissenhaft prüfen, bevor man sich zu drastischen Maßnahmen hinreißen lässt, um die unerwünschten Essmanieren zu bekämpfen.

Überfordern wir unser Kind durch zu hohe Ansprüche, überschütten es mit zu vielen Worten und Erklärungen, sodass es langfristig einem großen seelischen Druck ausgesetzt ist, kann dies auch zu Verhaltensweisen führen, die wir unbedacht mit Strafen auszumerzen versuchen. Das zu verhindern, setzt ein großes Einfühlungsvermögen voraus, mit dem wir erkennen, was das Kind in der entsprechenden Entwicklungsphase braucht, leisten und verstehen kann.

Fragen wir nach dem „Warum", bevor wir eine Strafe verhängen, ersparen wir unseren Kindern viel Kummer und Frustration und uns selbst das schlechte Gewissen!
Lassen wir die „Schuldfrage" einmal beiseite (die, wie gesagt, in der Kindererziehung nichts verloren hat!), können wir uns auf drei Motive, die dem kindlichen Fehlverhalten zugrunde liegen, beschränken:

- Handelt ein Kind aus Not?
- Handelt es aus Schwäche oder Unkenntnis?
- Handelt es aus Berechnung?

2.2.1 „Vergehen" aus Not

In diesem Fall sind es in der Regel Vergehen, die aus Angst geschehen, aus Verwirrung oder Verzweiflung, aus Wut oder Trotz, aus Überforderung oder Vernachlässigung, Orientierungslosigkeit oder Überbehütung u.v.m.

Lügen z. B. ist eine äußerst ungute Sache, die nicht einreißen sollte. Lügt mein Kind aber aus Angst, ist es ungleich hilfreicher, wenn ich ihm die Angst nehme und es gleichzeitig bestärke, zu seinen „Untaten" zu stehen und die Konsequenzen seines Handelns zu tragen, anstatt es hart zu bestrafen und die Angst somit weiter zu steigern.

Eine meiner drei, inzwischen erwachsenen Töchter begann eines Tages zu lügen – aus Not oder war es Feigheit? Feigheit ist ein liebloser Begriff für Angst! Ich war sehr erschrocken, da Ehrlichkeit für mich eine selbstverständliche und wichtige Charaktereigenschaft ist. Wir überlegten gemeinsam, was wohl passiert wäre, wenn sie einfach gesagt hätte: „Ja, ich war's." Ich versprach ihr keine Straffreiheit, sondern ermutigte sie dazu, die (angemessene) Konsequenz zu tragen, zumal diese meist doch weniger unangenehm sei als eine Lüge mit all den unguten Gefühlen, wie schlechtes Gewissen usw. Auch überlegten wir gemeinsam, wie es wohl der fälschlich beschuldigten Schwester erginge. Sie hat nie mehr gelogen – zumindest nicht ernsthaft! Hat sie später eine „Schandtat" gebeichtet, musste sie durchaus die Suppe auch auslöffeln, die sie sich eingebrockt hatte, jedoch immer verbunden mit der Anerkennung ihres Mutes zur Aufrichtigkeit.

Zerstörung oder Aggression gegen Personen oder Sachen sollte an sich nicht ungesühnt bleiben. Geschieht dies jedoch aus Wut oder Verzweiflung, ist eine harte Strafe meist eher schädlich als nützlich. Gerät das Kind ja nicht ohne Grund in Verzweiflung! Wie leicht verurteilen wir die Wut unserer Kinder, ohne nach den Ursachen dieser Wut zu fragen! Ein wütendes Kind befindet sich meist in höchster Not, die wir nicht selten selbst verursacht haben, mit Unverständnis, Ungerechtigkeit oder Unklarheit, sofern sie nicht in seinem Charakter begründet ist. Bevor wir mit harten Konsequenzen auf eine derartige „Verzweiflungstat" reagieren, können wir mit Wachheit meist im Vorfeld agieren und so die Aggression vielleicht verhindern, bevor sie eskaliert, oder wenigstens mildern.

Eines meiner Kindergartenkinder – ein sehr kleiner, sehr netter und etwas trauriger Junge – schlug unentwegt anderen Kindern die Bauklötze um die Ohren und zerstörte alles, was ihm in den Weg kam. Mit der Zeit beschwerten sich alle Kinder über ihn und keiner wollte mehr mit ihm spielen. Auf die Frage, warum er dies tue, antwortete er meist ganz unschuldig: „Der wollte nicht mit mir spielen" – oder: „Ich will den nicht ...". Offenbar war er sich gar keiner Schuld bewusst. Alle Strafen oder Konsequenzen waren vollkommen nutzlos! Obwohl er sehr intelligent war, konnte er offenbar nicht begreifen, dass seine Aggression nicht zum gewünschten Ziel führt. Interessanterweise ging er mit sich selbst ebenso verletzend um. Dieses Kind litt unter großer seelischer Not! In der Familie gab es ein Alkoholproblem und ein Beziehungsproblem der Eltern, die es nicht schafften, dieses zu lösen. Das Kind war also zerrissen zwischen dem geliebten Vater mit all seinen offensichtlichen Schwächen und der geliebten Mutter, die als „Co-Abhängige" die Opferrolle spielte. Keiner der beiden war stark genug, dem Kind Sicherheit und Geborgenheit zu garantieren.

Es ist also deutlich, dass Strafen in einem solchen Fall nur kontraproduktiv wären. Nachdem wir einige Zeit hilflos mit verschiedensten Konsequenzen herumexperimentierten, ohne den geringsten Erfolg verbuchen zu können, befürchteten wir, dass wir diesem Kind, das offenbar tiefere Probleme hatte, als wir annahmen, ohne fachmännische Unterstützung nicht helfen können. Bald jedoch stellten wir fest, dass er auf Lob und Ermutigung extrem positiv reagierte. Wir lobten ihn also über den grünen Klee für jedes Bauwerk, das er nicht zerstörte, für jeden Kontakt, der länger als fünf Minuten ohne „Schlägerei" hielt, und ließen ihn nicht mehr aus den Augen, um größeren

Schaden zu verhindern. Gleichzeitig bekam er für Fehlverhalten keinerlei Zuwendung mehr – auch keine negative! Die betroffenen Kinder hingegen trösteten wir besonders liebevoll, möglichst in seiner Gegenwart. Wir reagierten auch stark auf Situationen, in denen er selbst schlecht behandelt wurde, und ließen ihm geradezu demonstrativ liebevolle Gerechtigkeit widerfahren. Gleichzeitig setzten wir ihm enge Grenzen, in deren Rahmen er Vertrauen und Sicherheit aufbauen konnte. Schon nach kurzer Zeit konnten wir eine deutliche Verbesserung feststellen! Bald war es nicht mehr nötig, ihn ständig im Auge zu haben, er wurde geradezu fröhlich, knüpfte Kontakte und öffnete sich zusehends!

An diesem Beispiel ist sehr deutlich zu erkennen, dass die „Straftat" an sich oft nur ein Symptom ist, manchmal sogar ein Hilferuf! Der Versuch, das Symptom mit harten Maßnahmen auszumerzen, wäre nicht nur zwecklos, sondern geradezu schädlich! Schafft man es durch Einfühlungsvermögen, Aufmerksamkeit, Liebe und nicht zuletzt viel Geduld, an die Wurzeln des Übels zu gelangen, bleibt der Erfolg in der Regel nicht aus!

Fehlen klare Strukturen, eindeutige Regeln und Grenzen im Leben unserer Kinder, sind schlechte Gewohnheiten und unerwünschte Verhaltensweisen geradezu vorprogrammiert. Hier strafen wir unsere Kinder für unsere eigenen Versäumnisse in der Erziehung! Dazu gehört die weitverbreitete Unart der durchaus gut gemeinten „demokratischen" Erziehung. Wer kennt sie nicht, die Situationen, in denen man den Kindern Entscheidungen überlässt, deren Konsequenzen sie weder absehen noch tragen können? Anstatt klare Anweisungen zu geben, auch auf die Gefahr hin, lautstarken Protest zu ernten. Um eben diesen zu vermeiden, bürdet man den Kindern die Verantwortung für die Folgen von Entscheidungen auf, die wir selbst nicht treffen können oder wollen:

- Wenn du keine Gummistiefel anziehst, bekommst du nasse Füße und wirst krank.
- Wenn du so viel Schokolade isst, bekommst du Bauchweh.
- Wenn du jetzt nicht ins Bett gehst, kannst du in der Schule wieder nicht aufpassen.

Mit diesen und all den anderen ähnlichen Redensarten überfordern wir unsere Kinder weit mehr als wir glauben. Das Kind ist nicht in der Lage, die Konsequenzen zu erwägen, die wir als Erwachsene durchaus einschätzen können. Die Folgen allerdings muss das Kind tragen, wenn es dann tatsächlich krank wird oder Ärger wegen Unaufmerksamkeit in der Schule bekommt. Zusätzlich muss es dann auch noch unser erniedrigendes „Siehst du, das habe ich dir doch gleich gesagt ..." ertragen. Wie soll ein Kind da nicht wütend oder trotzig werden!
Ein kleines, dickes Mädchen aus meiner Kindergartenarbeit, das schon in jungen Jahren unter seiner massiven Körperfülle zu leiden hatte, erzählte mir in leichtem Plauderton, dass sie zu Hause jederzeit so viel Süßigkeiten essen dürfe, wie sie nur wolle. Allerdings, so fügte sie bedauernd hinzu, hätte der Doktor gesagt, sie dürfe nun nicht mehr so viel Süßes essen, weil sie zu dick sei. Im weiteren Verlauf dieser Unterhaltung stellte sich heraus, dass Muttern ihr nach wie vor den übermäßigen Schokoladenkonsum freistellte, immer mit dem drohenden Hinweis auf die Warnung des Arztes. Man stelle sich einmal die Seelenqual dieses Kindes vor, das seine ungesunden Bedürfnisse mit zunehmend schlechtem Gewissen ausleben musste – ganz zu schweigen von den nicht absehbaren Langzeitfolgen, die dieses chronisch schlechte Gewissen an Selbstverachtung und Versagergefühlen mit sich bringen muss!
Die Mutter liebte ihre Kinder sehr und war aus lauter Liebe nicht in der Lage, ihrem Kind den Genuss zu verwehren! Hier muss das Kind die schwere Verantwortung für die als Liebe deklarierte Schwäche der Mutter tragen! Dafür wiederum wird es am Ende auch noch bestraft werden! So muss das Kind also dreimal leiden für eine einzige Entscheidung, die ich selber aus

Überzeugung oder Schwäche nicht zu übernehmen bereit bin. Wie soll ein Kind da nicht verzweifeln!

Sowohl dem Kind als auch dem Erwachsenen wäre mehr gedient mit klaren Vorgaben über ein gesundes Essverhalten, angemessene Kleidung oder vernünftige Schlafenszeiten. Der Protest der Kinder wird umso geringer werden, je klarer und eindeutiger meine Vorgaben sind (siehe auch Kapitel 1: TROTZPHASEN UND WUTANFÄLLE).

Sind einem diese Zusammenhänge klar, wird man seine Einstellung über Bestrafung von Trotz oder Wutausbrüchen überdenken müssen! Besonders hier wird klar, wie leicht man eigentlich schon im Vorfeld Strafen vermeiden kann und dem Kind somit viel Leid erspart!

Zu enge Grenzen hingegen, zu starke Behütung können ebenso zu Verhaltensweisen führen, die wir mit liebevoll gemeinter Behütung nicht bezweckt haben. Die Kinder versuchen sich zu befreien von allzu engen Strukturen. Auch hier reagieren sie oft mit Trotz und Protest, Lügen oder Heimlichkeiten, die man wiederum mit Strafen und meist noch mehr Enge einzudämmen versucht. Auch hier muss man das unerwünschte Verhalten der Kinder hinterfragen, bevor man es bestraft. Meist ändert sich dieses Verhalten positiv, sobald man ihnen ein wenig mehr Luft zum Atmen gewährt. So kann man dem Kind und sich selbst leidvolle Konflikte und Strafen ersparen.

Ganz wichtig, nicht nur in „Strafangelegenheiten", sondern in allen Fragen der Erziehung, ist immer das Augenmaß. Wie viel Freiheit man dem Kind lässt, wie viel Verantwortung oder Mitbestimmung, muss immer vom Alter, der Entwicklung und dem Charakter des Kindes abhängig gemacht werden. Dies immer richtig einzuschätzen, erfordert ein großes Maß an Einfühlungsvermögen und Wachheit.

2.2.2 „Vergehen" aus Schwäche oder Unkenntnis

Handelt ein Kind aus Schwäche oder Unkenntnis, sind Strafen hartherzig und unpädagogisch, selten jedoch nützlich! Natürlich wissen wir dies alle! Natürlich will keiner sein Kind unschuldig bestrafen! Aber sind wir wirklich in allen Lebenssituationen so klar und aufmerksam, dass uns dies immer bewusst ist?

Wie viele Kinder werden für Taten oder Verhaltensweisen bestraft, die aus Unwissenheit oder gar Schwäche geschehen? Und wie viele dieser Verhaltensweisen belegen wir mit Strafen, in der Hoffnung, diese dadurch ein für alle Mal auszumerzen? Beispielhaft sind die Bettnässer oder die Kinder, die tagsüber einnässen oder gar größere Geschäfte in die Hosen verrichten. Wer würde guten Gewissens behaupten wollen, dass Kinder dies zum Spaß tun, aus Faulheit oder Bosheit? Und dennoch gibt es heute noch genügend Fälle, in denen hier Strafen oder harte Konsequenzen verhängt werden, um diese „Unart" endlich auszumerzen. Natürlich treibt es eine Mutter zur Verzweiflung, wenn jede Nacht das Bett überschwemmt ist oder immer wieder die Hosen eingekotet oder nass die ohnehin schon mächtigen Wäscheberge noch vergrößern, dazu kommt die Verzweiflung über die „abnormen" Schwächen des eigenen Kindes. Schließlich hat man doch schon alles versucht, von Versprechungen bis Drohungen, ignorieren, schimpfen oder gar die ekligen Hosen selbst auswaschen lassen – als logische Konsequenz! Und nichts, aber auch gar nichts hat geholfen. Mir ist zumindest keine Mutter bekannt, die mit einer der genannten Methoden Erfolg hatte. Natürlich nicht! Schwächen kann man weder bei Kindern noch bei Erwachsenen mit Drohungen oder Strafen beheben. Man kann die Kinder bestärken, fördern und unterstützen, um die Schwächen allmählich zu beheben, niemals aber mit Gewalt!

Ich selbst war Bettnässer als Kind und erinnere mich nur zu gut der drastischen Maßnahmen, mit denen meine verzweifelte Mutter versuchte, mir diese „Unart" auszutreiben. Ich selbst war so verzweifelt über diese, meine Schwäche, die ja offenbar ein großer Makel und sehr peinlich war, dass ich alles dafür gegeben hätte, sie loszuwerden. Die teils erniedrigenden Strafen und Konsequenzen betrachtete ich damals sogar als gerechtfertigt! Bin ich wieder einmal im durchnässten Bett erwacht, war ich oft so verzweifelt und verängstigt, dass dies allein schon Strafe genug gewesen wäre. Wie hilfreich wäre hier liebevolles Verständnis gewesen und vor allem die Gewissheit, trotzdem geliebt zu werden! Meine Eltern waren gewiss keine lieblosen Dragoner und wir waren durchaus geliebte Kinder! Wäre ihnen damals klar gewesen, welches Leid sie verursachten, hätten sie anders reagiert. Wenn ich mit meiner Mutter heute darüber spreche, ist sie voller Reue und würde viel darum geben, dies rückgängig machen zu können.

Durch diese eigene Erfahrung konnte ich meiner eigenen Tochter, die ebenfalls Bettnässer war, viel Leid ersparen, obwohl auch ich oft verzweifelt über diese „Schwäche" meines Kindes war.

Bettnässen, Einkoten und viele andere Schwächen, die wir gerne mit pädagogischen Maßnahmen bekämpfen würden, sind wiederum meist nur Symptome für viel tiefer liegende, nur schwer erkennbare seelische Not. Ist es möglich, diese zu ergründen und zu beheben, wird auch das Symptom behoben sein. Ohne Leid und ohne Druck! Schaffen wir es nicht, das Übel bei der Wurzel zu packen, weil wir es möglicherweise nicht erkennen oder ergründen können, ist es besser, dieser Schwäche nicht allzu viel Beachtung zu schenken, möglicherweise zur Windel zu greifen – nicht als Strafe, sondern aus praktischen Gründen. Ohne Vorwurf und ohne Erniedrigung!

Fehler aus Unwissenheit sind nichts Besonderes und vor allem nicht besonders kompliziert zu verstehen. Hier muss ich zunächst klarstellen, ob das Kind auch weiß, was es darf und was nicht. Ein Kind muss unendlich viel lernen, bis es weiß, wie die Welt funktioniert, wie man miteinander umgeht, um zwischen Gut und Böse unterscheiden zu können, auch Gefahren einschätzen zu lernen, Eigentum zu respektieren. Hier gibt es unendlich viele Stolpersteine für das lernende Kind. Bevor ich also ein Versäumnis, ein Vergehen oder eine unbedachte Handlung bestrafe, muss ich mich natürlich fragen, ob das Kind in der Lage ist, die Folgen seiner Handlung einzuschätzen. Bestrafe ich ein Kind für eine „Untat", die ihm gar nicht als Untat bewusst ist, tue ich ihm unrecht, löse Unverständnis oder gar Angst aus. Auch wenn eine ungerechtfertigte Strafe hier sicher wirkungsvoller ist als bei einer tief sitzenden Schwäche (es wird vermutlich begreifen, dass es ungut ist, diese Tat zu wiederholen), zuträglich für eine gesunde Entwicklung ist es jedoch nicht!

So muss ich also zunächst Sorge dafür tragen, dass es das „richtige Verhalten" nicht nur gelernt, sondern auch begriffen hat.

2.2.3 „Vergehen" aus Berechnung

Weitaus schwieriger zu beurteilen ist die Frage, ob ein Kind aus Berechnung handelt. Was bedeutet Berechnung? Wo fängt Berechnung an und welche Motive liegen einer berechneten Handlung zugrunde? Auch Angst oder Schwäche kann ein Motiv sein, das ein Kind ganz bewusst, also aus Berechnung eine strafbare Handlung vollziehen lässt. Wie oft versucht ein verängstigtes Kind, sich durch eine Notlüge aus der Affäre zu ziehen? Aus Angst vor Strafe, vor Liebesentzug, vor Konsequenzen, die es meint, nicht tragen zu können. Hier ist dem Kind mit harten Strafmaßnahmen natürlich wenig geholfen, obwohl Lügen an sich nach einer erzieherischen Reaktion verlangt. Anders hingegen verhält es sich bei Motiven wie:

• Egoismus, d. h. Vorteilsdenken
• Rache
• Bequemlichkeit

Je nach Alter und Bewusstseinsstand des Kindes – dieser Aspekt darf nie außer Acht gelassen werden! – muss eine Tat, die eindeutig aus reinem Vorteilsdenken begangen wird, geahndet werden.

Noch heute muss ich schmunzeln, wenn ich an meine damals 4-jährige Tochter denke, die nach einem Kaufhausbesuch mit verschmitzt triumphierender Miene einen Lippenstift aus der Tasche zog, den sie unauffällig hatte mitgehen lassen. Da Diebstahl ein Delikt ist, das nicht ungesühnt bleiben sollte, schon aus pädagogischen Gründen, musste ich natürlich reagieren. Dass ihr bewusst war, etwas Verbotenes getan zu haben, war an der Heimlichkeit ihrer Handlung zu erkennen, andererseits zeugte es doch von einer gewissen Unschuld, dass sie mir ihre Beute sofort freudestrahlend vorführte. Interessant war, dass sie offenbar gar nicht wusste, was sie da geklaut hatte, reizvoll war offenbar nur der Akt des Klauens selbst. Da mir eher nach Lachen als nach Schimpfen zumute war, brachten wir einfach den Lippenstift zurück, ohne Moralpredigt, ohne viel Worte, was meinem wohlbehüteten Töchterlein doch recht peinlich war. Der Fall war damit erledigt – nachhaltig –, wie ich heute behaupten kann!

Eines meiner ehemaligen Kindergartenkinder räumte einmal alle Osternester der anderen Kinder aus und beharrte anschließend mit geübter Unschuldsmiene und überzeugenden Argumenten auf seiner Unschuld. Das war gemein, berechnend und egoistisch. Dennoch durften wir nicht außer Acht lassen, dass diesem Kind aufgrund seiner häuslichen Situation auf ganz anderem Gebiet etwas fehlte, das es zu derartigen Handlungen verleitete. Eine Strafe bzw. eine Konsequenz war also notwendig, auch um den geschädigten Kindern Gerechtigkeit widerfahren zu lassen. Gleichzeitig haben wir natürlich versucht, diese anderen Defizite aufzuarbeiten.

An diesem Beispiel lässt sich deutlich erkennen, dass ein Vergehen, das offenbar aus Berechnung verübt wurde, dennoch nicht losgelöst von möglichen psychologischen oder biografischen Anteilen zu beurteilen ist.

Auch hier steht wieder die Frage nach dem „Warum" im Vordergrund!

Ähnlich sind Vergehen, meist sind es aggressive Handlungen, die aus Rache verübt werden.

Aus meiner Kindergartenarbeit erinnere ich mich an ein sehr schwieriges Kind mit ausgesprochen niedriger Frustrationstoleranz, das Erniedrigung und Frustration nur schwer aushalten konnte. Es verübte eines Tages an einem anderen Kind einen wohldurchdachten und geplanten Racheakt, indem er am Tag nach einer erlittenen Frustration von zu Hause einen großen Holzscheit mitbrachte, um seinem Peiniger damit ordentlich eins über die Rübe zu ziehen. Diese Tat war bewusst geplant, um dem anderen Schaden zuzufügen. Wie groß auch immer die ihm zugefügte Frustration gewesen sein mag, einer derartigen Reaktion muss eine angemessene Strafe bzw. Konsequenz folgen!

Meine Tochter zerstörte einmal aus Rache ein besonders sorgfältig geführtes Schulheft ihrer größeren Schwester.

Diese beiden Racheakte sind unterschiedlich schwerwiegend, aber entscheidend ist, dass beide bewusst und geplant vollzogen wurden, um dem „Peiniger" zu schaden. Sie dürfen also nicht ungesühnt bleiben! Und dennoch muss man auch hier verschiedene Aspekte berücksichtigen, um eine angemessene Konsequenz bzw. eine Wiedergutmachung anordnen zu können, die auch die gewünschte Einsicht mit sich bringt.

Diese zu berücksichtigenden Aspekte können sowohl die charakterlichen Veranlagungen als auch das soziale Umfeld, also die Erfahrungswelt, Vorbilder usw. des Kindes umfassen:

Ist ein Kind mit so starken Gefühlen ausgestattet, dass es nicht in der Lage ist, mit Frustrationen umzugehen, muss man langfristig auch versuchen, diesem Kind den Umgang mit seinen starken Emotionen zu erleichtern bzw. beizubringen (siehe auch Kapitel 1: TROTZPHASEN UND WUTANFÄLLE).

Wächst ein Kind mit Vorbildern auf, die Gewalt als Problemlösung oder als pädagogisches Mittel einsetzen, nicht zu vergessen die Gewalt in den Medien! (siehe auch Kapitel 4: FERNSEHEN UND KINDER), wird man auch das für ein sinnvolles „Strafmaß" berücksichtigen müssen und zusätzlich langfristig die Erfahrungswelt des Kindes überdenken und ändern müssen.

Bequemlichkeit, Trägheit oder auch Faulheit sind Gründe, aus denen meist recht harmlose „Delikte" entstehen. Hat mein Kind seine Spielzeugberge heimlich unters Bett geschoben, um so das lästige Aufräumen zu umgehen, ruft dies eher ein Schmunzeln hervor als eine ernsthafte Strafe. Zeugt es doch immerhin von einer gewissen praktischen Intelligenz des Zöglings. Ungut wäre es nur, wenn die Mutter auf den Schwindel hereinfällt. Hier ist Humor ein besserer Ratgeber als Strenge. Wie lästig Aufräumen ist, wissen wir selbst nur zu gut! So ist allen am besten gedient, wenn wir gemeinsam mit dem Schlauberger das Schlachtfeld beseitigen. So wird er einsehen, dass Mogeln auf die Dauer nicht zieht, und ist dennoch nicht allein mit dieser oft übergroßen Aufgabe.

Situationen, die sich so zuspitzen, dass das Kind am Ende ohne Essen ins Bett muss, weil der „Saustall" nach Stunden immer noch nicht aufgeräumt ist, Mutter oder Vater vollkommen genervt oder gar wütend sind und der ganze Haussegen schiefhängt, können in der Regel vermieden werden, schätze ich rechtzeitig ein, wie viel mein Kind bewältigen kann und wo es meine Hilfe braucht.

2.3 LOGISCHE KONSEQUENZ STATT UNLOGISCHER STRAFE

Berücksichtigen wir nun all diese Kriterien, die einem angemessenen „Strafmaß" zugrunde liegen sollten, stellt sich die Frage: Wie muss also eine solche, angemessene Strafe aussehen?

Zunächst sollten wir uns an dieser Stelle entschließen, anstatt von *Strafe* vielmehr von *Konsequenz* zu sprechen. Der Begriff „Strafe" hat einen negativen, lieblosen Beigeschmack, der im schlimmsten Fall an Züchtigung, Rache, Justiz und Besserungsanstalt denken lässt. Diese Dinge haben in der Kindererziehung, die in erster Linie dem Wohle des Kindes dienen soll, nichts zu suchen!

2.3.1 Konsequenz statt Strafe

Schlechte Gewohnheiten, das Nichteinhalten von Regeln und andere unerwünschte Handlungen der Kinder sollten nach Möglichkeit, anstelle einer ausgedachten Strafe, eine logische Konsequenz nach sich ziehen. Für unerwünschte Verhaltensweisen, die nicht zwingend sichtbare, logische Auswirkungen verursachen, sollte man sich Konsequenzen überlegen, die für das Kind wenigstens in gewissem Zusammenhang zum Vergehen stehen. So erzielt man eher eine Einsicht als durch konstruierte Strafmaßnahmen, in denen das Kind keinen Zusammenhang erkennen kann. Hier geht es nicht um wortreiche Erklärungen, warum der Hausarrest nun für das Bemalen der frisch gestrichenen Tapeten verordnet wird! Lasse ich stattdessen die Malstifte verschwinden, mit denen der Schaden verursacht wurde, wäre dies einleuchtender. Noch wirkungsvoller wäre allerdings eine „Wiedergutmachung", indem das Kind den angerichteten Schaden beheben muss. Ob eine Wiedergutmachung oder die Beseitigung eines Schadens lästig sind oder gar Spaß machen, ist dabei nur sekundär! Die Konsequenz soll ja schließlich keine Rache am „Täter" sein, sondern Einsicht bewirken. Wände zu streichen, mag für Kinder eine vergnügliche Konsequenz sein (auch wenn das Ergebnis uns Erwachsene nicht unbedingt vergnüglich stimmt!). Erlebt ein Kind aber dauerhaft, dass es jeden Schaden wiedergutmachen muss, den es anrichtet, ob vergnüglich oder lästig, prägt man hier eine Haltung, die für das ganze Leben die Grundlage für verantwortungsvolles Handeln bildet! Die Tatsache, dass das so geprägte Kind langfristig wesentlich weniger Schaden anrichten wird und der Familienfrieden dadurch dauerhaft gesichert ist, erscheint unter diesem Aspekt bestenfalls nur noch als angenehme Nebenerscheinung.

Schafft man es, diesen Bereich der Kindererziehung in dem großen Zusammenhang von Ursache und Wirkung – bezogen auf das ganze Leben – zu betrachten, bekommt das Thema Strafe eine ganz neue Bedeutung!

Im Idealfall wird diese Einsicht zur Grundlage der Erziehung unserer Kinder. Das bedeutet, dass jeder, auch der Erwachsene, die Verantwortung für seine Handlungen trägt. Dem Kind müssen wir dies noch beibringen, anfangs mit liebevoller Unterstützung, später mit liebevoller Bestimmtheit. So wird man als einfühlsame Mutter oder einfühlsamer Vater mit dem Kleinkind gemeinsam den Schaden beheben, während man in späteren Entwicklungsphasen immer mehr Eigenverantwortung verlangen kann. Zerstört ein Fünfjähriger das komplizierte Bauwerk seiner Schwester, kann man durchaus verlangen, dass er es selbstständig wieder aufbaut, so gut er's eben kann. Dies gilt nicht nur für „Sachschäden", es gilt auch für Übergriffe auf die Persönlichkeit anderer Kinder und aller Personen aus dem sozialen Umfeld des Kindes. Verletze ich einen Mitmenschen, bewusst oder unbewusst, gibt es Möglichkeiten, diesen wieder zu versöhnen – eine Wiedergutmachung.

Dazu gibt es eine wunderschöne alte chinesische Geschichte, die man dem Kind in einer solchen Situation erzählen kann, um ihm die Wirkung von Verletzungen in kindgemäßer Weise verständlich zu machen:

Ein Sack voll Federn (chinesisches Märchen)

Ein Bauer hatte einmal seinen Nachbarn so sehr beschimpft und mit harten Worten getroffen, dass dieser ihm die Freundschaft verwehrte und nicht mehr mit ihm zusammenkommen wollte. Nach einiger Zeit bereute der Bauer seine harten Worte, hatte er doch dadurch einen guten Freund verloren. So ging er also reumütig zu ihm, um sich zu entschuldigen. „Was kann ich tun, um meine bösen Worte ungeschehen zu machen?", fragte er den Freund; dieser antwortete Folgendes: „Nimm einen Sack voll Federn, werfe alle Federn in den Wind und sammele sie anschließend wieder ein. Wenn du alle Federn wieder eingefangen hast, ohne auch nur eine einzige zu vergessen, dann stecke sie wieder in den Sack und bringe ihn mir, so will ich die Verletzung und die bösen Worte vergessen."

Worte sind wie Federn. Bläst du sie einmal in den Wind, lassen sie sich nicht mehr einfangen.

2.3.2 Strafandrohungen

Die Sünden unserer Erziehung sind meist unreflektierte Gewohnheiten und Überzeugungen, die sich über Generationen verfestigt haben. So sehr wir uns immer wieder vornehmen, es anders und vor allem besser als unsere Eltern zu machen, übernehmen wir dennoch Gewohnheiten, die uns meist gar nicht bewusst sind! Oder aber wir verfallen ins andere Extrem, was auch nicht immer ideal ist.

Wir vergeuden unsere Energien mit Strafandrohungen, denen keine Strafe folgt, obwohl wir eigentlich wissen, dass dies nicht nur wirkungslos ist, sondern langfristig unsere Glaubwürdigkeit derart untergräbt, dass unsere Kinder kaum noch reagieren, geschweige denn beeindruckt sind. Wir erzeugen nur eine schlechte Stimmung, eine immer trauriger werdende Familienatmosphäre mit unseren sich steigernden Drohungen und deren zwangsläufig nachlassender Wirkung.

Ebenso gehören Erpressungen und Bestechungen zu den altbewährten Relikten unserer Vorfahren. Ob diese tatsächlich bewährt sind, sei dahingestellt. Von einer nachhaltigen Wirkung kann jedoch nicht die Rede sein.

Mit Erpressung kann ich zunächst sicher mein Ziel erreichen und das Kind gewaltsam zum Gehorsam zwingen. Einer gesunden Entwicklung meines Kindes ist diese Methode jedoch nicht zuträglich, auch Einsicht werde ich so bei meinem Kind nicht erzielen.

2.3.3 Strafmaß

Achtung! Verwechseln Sie nicht Erpressung mit der gerade propagierten logischen Konsequenz! Oft sind die Unterschiede kaum erkennbar.

- Wenn du nicht pünktlich nach Hause kommst, bekommst du kein Essen mehr!
- Wenn du die neuen Schuhe schmutzig machst, darfst du sie nicht mehr anziehen!
- Wenn du dein Zimmer nicht aufräumst, schmeiß ich die Sachen weg!

Diese bekannten „Wenn-dann"-Sätze beinhalten sowohl eine „logische" Konsequenz als auch eine reine Erpressung. Was ist daran richtig und was falsch? Wie immer sind Einfühlungsvermögen und Abwägen wichtige Voraussetzungen für richtige Entscheidungen. Wenn wir diese Sätze positiv formulieren, ergibt sich von vorneherein eine ganz andere Situation:

- Komm rechtzeitig heim, damit wir zusammen essen können.
- Bei dem Wetter ziehst du Gummistiefel an, damit die neuen Schuhe sauber bleiben.
- Ich helf' dir, dein Zimmer aufzuräumen.

Klappt es trotz positiver Grundhaltung nicht, könnte es im Wiederholungsfall passieren, dass das gemeinsame Abendessen vorbei ist. Eine „Sonderfütterung" darf dann allerdings nicht mehr stattfinden! Auch diese, oft hart erscheinende Konsequenz sollte mit positiver Grundhaltung durchgeführt werden. Ein schadenfroh anmutendes ‚Siehst du, das hast du nun davon' ist lieblos, während ein verständnisvolles ‚Tut mir leid, mein Schatz, leider ist die gemeinsame Mahlzeit schon zu Ende' der Sache viel gerechter wird, ist doch die Tatsache der verpassten Mahlzeit schon Strafe genug!

Was die neuen Schuhe betrifft, muss ich, als Erwachsener, der die Schuhe bezahlen muss und die Konsequenzen besser abschätzen kann als das Kind, das im Augenblick offenbar nur die Freude an den neuen Schuhen im Kopf hat, entscheiden. So erübrigt sich von vorneherein die unangenehme Konsequenz.

Auch im dritten Fall muss ich abschätzen, ob mein Kind womöglich überfordert ist, sein Zimmer alleine aufzuräumen. Selbst wenn es das Chaos selbst verursacht hat. Vielleicht wäre eine Reduzierung der Spielzeugmassen im Kinderzimmer eine bessere Lösung als Tränen beim Aufräumen? (siehe auch Kapitel 3: KONSUM)

Es gibt also keine Patentlösungen! Gefragt ist immer wieder unser Einfühlungsvermögen und unser Augenmaß, unser Bewusstsein über den Entwicklungsstand und die Fähigkeiten des Kindes sowie unsere Wachheit in jeder einzelnen Situation, die eine Erziehungsmaßnahme erfordert. Und nicht zu vergessen: Liebe und Verständnis!

Sinnlos, ja geradezu schädlich ist es hingegen, wenn wir uns durch Überlastung oder aus Hilflosigkeit zu Gefühlen hinreißen lassen, die nichts anderes als Unverständnis, Leid und Angst in unseren Kindern auslösen. Wie sollten sie auch verstehen, dass Mutter oder Vater plötzlich wütend wird und in ihrer Wut gar ein ungerechtfertigt hohes Strafmaß androht?

Auch passiert es uns in derartig emotional belasteten Situationen nur allzu oft, dass wir Strafen verhängen für „Vergehen", die gar keine sind, was wir leider dann erst zu spät und voller Reue erkennen!

2.4 MOTIVE DES ERZIEHENDEN

Alle Mütter und Väter wollen nur das Beste für ihre Kinder! Jeder von uns hat – theoretisch – nur gute Motive, eine „Strafe" zu verhängen. Natürlich lieben wir unsere Kinder, natürlich wollen wir unsere Kinder gut und liebevoll erziehen! Strafe ist also nur das letzte Mittel, wenn alles andere nicht funktioniert!

2.4.1 Unreflektierte Gefühle

Wenn wir einmal in uns hineinhorchen in den vielen, oft zermürbenden Situationen des Alltags, in denen das Kind nicht so tut, wie es soll, können wir eine Menge guter und unguter Gefühle entdecken, die einer Strafandrohung und deren Durchführung zugrunde liegen. Je nachdem, wie groß unsere Geduld, unsere Nerven, unsere Energien sind, und je nachdem, wie weit eine Konfrontation bereits eskaliert ist, besteht die Gefahr, dass wir durch Erschöpfung oder gar Verzweiflung das Augenmaß für eine angemessene Reaktion verlieren. So wird die Verhängung einer Strafe oft von Gefühlen und Motiven geleitet wie:

- Wut
- Verzweiflung
- Rache
- Macht
- Schuldzuweisung
- Schadenfreude

Das klingt grausam, nicht wahr? Ist es leider auch – und dennoch ist es verständlich! Können die lieben Kleinen einem doch ganz gewaltig an den Nerven zerren!

Wie schmerzlich sind mir heute die Erinnerungen an die Kindheit meiner eigenen drei Töchter, die als kreative, kraftvolle Quälgeister natürlich nicht immer pflegeleicht waren! Wenn ich an die Situationen denke, in denen ich sie in meiner unreflektierten Wut ohne „Gute Nacht" ins Bett geschickt habe, sie in ihre Zimmer sperrte, um den „Saustall" aufzuräumen, oder „Strafarbeiten" anordnete, nur weil ich es so weit habe kommen lassen, dass Verzweiflung oder gar Wut in mir überhandnahmen. Wie viel angenehmer und harmonischer hätte es für alle Beteiligten zugehen können, hätte ich rechtzeitig *agiert*, anstatt zu spät zu *reagieren*!

Man gibt den Kindern die Schuld für ihr Betragen, für ihre „Untaten". Aber sind nicht wir Erwachsenen diejenigen, die für die Erziehung unserer Kinder die Verantwortung tragen? Sind es nicht wir selbst, die durch Unaufmerksamkeit oder Überlastung den Konflikt mit den Kindern überhaupt erst eskalieren lassen? Sind es nicht auch unsere eigenen Gefühle, für die wir unbewusst den Kindern die Schuld zuschieben?

Sätze wie:

- Das hast du nun davon ...
- Dann geh' ich eben ohne dich ...
- Wenn du nicht sofort aufhörst mit deinem Gebrüll, fliegst du raus!

klingen nicht nur lieblos, sondern sind oft geprägt von Rache, Macht und Ohnmacht. Genauso gut könnte man auch hinzufügen: „Ätsch, ... Pech gehabt, ... selber schuld ..." und andere erniedrigende Gemeinheiten, die einem in seiner Wut und Hilflosigkeit dem „ungezogenen" Kind gegenüber gar nicht auffallen würden. Das ist natürlich nicht die Regel – zum Glück! Kommt aber doch immer wieder vor.

Wir sind erwachsen, also überlegen! Also sollten wir uns über unsere Gefühle so weit im Klaren sein, dass wir rechtzeitig erkennen, wann sie eskalieren. Oft verlangen wir aber (unbewusst) von unseren Kindern, die Eskalation *unserer* Gefühle vorauszusehen und sich dementsprechend zu verhalten, also rechtzeitig einzulenken. Welch eine Überforderung! Sind doch die Kinder unserem Schutz, unserer Fürsorge und Führung anvertraut, also müssen wir viel mehr auf ihre Gefühle Rücksicht nehmen, sie hegen und pflegen, damit sie sich gesund und gefahrlos entfalten können!

2.4.2 Ernsthafte erzieherische Absicht

Natürlich sind es nicht nur ungute Gefühle und Motive, die dem Strafen zugrunde liegen. Die weitaus besseren Motive – wenn das Strafen denn überhaupt sein muss – überwiegen glücklicherweise in unserer Erziehungsarbeit:

- Bewusste, pädagogische Erwägungen
- Sorge – Fürsorge
- Liebe

Jeder hat seine eigenen pädagogischen Ziele und Ideale und hat auch selbst zu entscheiden, welchen Weg er dazu wählt. In erster Linie wollen wir alle natürlich, dass es unseren Kindern gut geht. Ein harmonisches Familienleben liegt in unser aller Interesse. Auch sollen unsere Kinder Gewohnheiten und Fähigkeiten entwickeln, die ihnen im ganzen Leben nützlich sind und sie zu anständigen, verantwortungsvollen Menschen macht. Also müssen wir uns entscheiden, wie und mit welcher Methode wir dies erreichen – jeder nach seiner Art, um diese Ideale zu verwirklichen. Das sind die bewussten Erwägungen, die einem möglichst sinnvollen Einsatz von Strafen zugrunde liegen.

Die Kinder vor Gefahren schützen zu wollen, kann in Extremsituationen ebenso ein Motiv für Strafen bzw. Konsequenzen sein.

Über all dem steht natürlich immer die Liebe zum Kind!

So richten wir in der Regel mehr Schaden an, als wir unseren Zielen nützen, wenn wir uns aus Sorge um die Sicherheit unserer Kinder zu unverhältnismäßigen Reaktionen hinreißen lassen.

Bestrafen wir unser Kind beispielsweise für eine gewagt anmutende Kletteraktion auf den Baum im Garten, verhindern wir dadurch nicht unbedingt nur den gefürchteten Absturz, sondern ebenso die Sicherheit und die Körpererfahrung, die ein Kind bei dieser Gelegenheit erwerben könnte, um Gefahren und sich selbst einschätzen zu lernen, um dadurch wiederum den befürchteten Absturz zu verhindern!

2.5   FOLGEN UNANGEMESSENER STRAFEN

Wenn wir auf die Handlungen unserer Kinder reagieren, sollten wir berücksichtigen, dass die Wirkung, die wir mit unseren Erziehungsmaßnahmen bezwecken, sei es mit Strafen, Konsequenzen, Lob oder Tadel, sich nicht allein auf die aktuelle Situation beschränkt, sondern Folgen – positive wie negative – bis hin ins Erwachsenenalter nach sich ziehen kann.

2.5.1 Konditionierung

Der Begriff „Konditionierung" stammt aus der Psychologie und bedeutet hier nichts anderes, als dem Kind bestimmte Verhaltensweisen anzutrainieren, ohne Rücksicht auf Logik, Ursachen oder Einsichten.

Zwinge ich mein Kind beispielsweise regelmäßig, seinen Teller aufzuessen, zur Not mit Androhung von Strafe oder anderen Konsequenzen, erreiche ich damit kurzfristig sicher mein Ziel, schließlich bin ich die Stärkere und habe die Macht. Langfristig kann dies jedoch dazu führen, dass das Kind mit der Zeit lernt, mehr zu essen, als es braucht oder verträgt. Wenn in der Pubertät die ersten Gewichtsprobleme auftreten, ist es meist schon zu spät, langjährig „konditionierte" Essgewohnheiten wieder zu ändern. Das heißt nicht, dass es sinnvoll ist, täglich das halbe Essen in den Müll zu befördern! Es gibt bessere Möglichkeiten, damit umgehen zu lernen, ohne Verschwendung zu betreiben, die in anderen Situationen unter Umständen wiederum bestraft werden müssten! (mehr dazu unter „Vorbeugen")

Gewöhne ich mit Strafen oder Liebesentzug („Geh in dein Zimmer, bis du wieder lieb bist ...") meinem Kind seine scheinbar übertriebenen Wutausbrüche ab, erreiche ich, mit entsprechend drastischen Maßnahmen, möglicherweise auch hier – kurzfristig – mein Ziel. Das Kind wird sich beherrschen lernen, weil es geliebt werden will. Langfristig kann es jedoch passieren, dass dieses Kind im Erwachsenenalter erst mühsam wieder lernen muss, seine unterdrückten Gefühle wahrzunehmen und zuzulassen (siehe Kapitel 1: TROTZPHASEN UND WUTANFÄLLE).

2.5.2 Abstumpfung

Ein Übermaß an Strafandrohungen, zu harten Konsequenzen oder Tadel bewirkt bei vielen Kindern eine gewisse Abstumpfung. Um sich zu schützen vor allzu viel Druck, Erniedrigung oder Verletzung, legen sich einige Kinder ein „dickes Fell" zu, das uns Eltern wiederum veranlasst, immer härtere Maßnahmen zu ergreifen. Abgesehen von der zunehmenden Erfolglosigkeit unserer erzieherischen Bemühungen kann dieses zunächst schützende Fell im weiteren Verlauf des Lebens durchaus hinderlich werden. Bietet dieses dicke Fell doch auch einen Schutzwall gegen alle Einflüsse von außen, nicht nur die unangenehmen!

Andere Kinder wiederum ziehen sich in eine Traumwelt zurück, in der sie für all die „Härten des Lebens" nicht mehr erreichbar sind. Auch sie werden es schwer haben, zum notwendigen Zeitpunkt ihre Traumwelt wieder zu verlassen, um sich den Anforderungen des Lebens zu stellen.

2.5.3 Angst – Feigheit

Sind unsere Kinder besonders sensibel oder unsere Strafmaßnahmen besonders drastisch, können Ängste im Kindesalter entstehen, die bis ins Erwachsenenalter hinein anhalten und ein unbeschwertes, eigenständiges Leben erschweren!

Wie viele Menschen haben Probleme mit dem Selbstbewusstsein? Wie viele trauen sich nichts zu? Wie viele haben nicht den Mut, Dinge im Leben zu tun, die ihren Begabungen entsprächen, jedoch Selbstvertrauen und Mut erfordern würden? Sie alle haben diese Ängste, das mangelnde Selbstvertrauen wahrscheinlich bereits in der Kindheit angelegt.

Andere wiederum lernen bereits früh, sich mit Heimlichkeiten oder gar Lügen und Tricks aus Angst vor Strafe oder Konsequenzen, die sie meinen, nicht tragen zu können, aus der Affäre zu ziehen.

Diese vermeintlich nützlichen Gewohnheiten werden sie im späteren Leben nicht unbedingt wieder ablegen. Abwertend nennt man diese Kinder „feige" und übersieht gerne dabei, dass Feigheit auch eine Form von Angst ist.

Ein Jugendlicher oder Erwachsener, der „feige" ist, wird verlacht, erniedrigt und nicht ernst genommen. Als guter Freund ist er nicht tauglich, also wird er möglicherweise einsam und ausgegrenzt sein.

Dies sind alles keine besonders verlockenden Aussichten für die Zukunft meines Kindes!

2.6 VORBEUGEN IST BESSER ALS STRAFEN!

Zunächst muss man wissen, dass es nie zu spät ist!
Um rechtzeitig vorbeugen zu können, sollte man auch rechtzeitig wissen, was auf einen zukommt. Meist kommt die Einsicht, sobald man mit den Folgen konfrontiert wird, wenn es also bereits zu spät ist.
Dennoch: Es ist nie zu spät!
Vorbeugen kann man auch für die unmittelbare Zukunft, egal, was bis dahin schon „eingerissen" ist.

2.6.1 Vorbild des Erwachsenen

Als Erwachsener muss ich natürlich dem Kind mit gutem Beispiel vorangehen! Nutze ich meine Überlegenheit, meine Vormachtstellung aus, indem ich meine eigenen „Sünden" rechtfertige, während ich die meines Kindes ahnde, wird meine gut gemeinte Erziehung unglaubwürdig und wirkungslos. Gestehe ich jedoch auch meinem Kind gegenüber Fehler ein, die mir unterlaufen, und bemühe mich ebenso um „Besserung" oder Wiedergutmachung, kann diese Haltung im Inneren des Kindes Wurzeln schlagen und gedeihen.
Auf diese Weise ersparen wir uns und besonders unseren Kindern zermürbendes Geschimpfe und nutzlose Auseinandersetzungen.

Wie oft plagten mich mein Gewissen und mein Mitgefühl mit meinen Kindern, nach einem – mal wieder – missglückten Alltag, wenn ich vor dem Einschlafen an die Unstimmigkeiten dachte, die ich durch mein hilfloses Geschimpfe und nutzlose Strafandrohungen verursacht habe. Wären mir damals diese Dinge bewusst gewesen, hätte ich meinen Töchtern viel Leid und mir selbst viel Ärger ersparen können!

2.6.2 Klarheit, Berechenbarkeit und Eindeutigkeit des Erwachsenen

Je kleiner die Kinder sind, desto größer sind die Chancen, Verhaltensmuster und Gewohnheiten anzulegen, die dem Kind und der Gemeinschaft zuträglich sind. Dies erreiche ich am besten mit:

- Absoluter Klarheit und Eindeutigkeit
- Altersentsprechender Führung
- Wenigen, aber unumstößlichen Regeln
- Einsehbaren Konsequenzen bei Fehlverhalten

Bin ich als Mutter oder Vater klar und eindeutig, d. h., ich weiß, was ich will bzw. was meinem Kind guttut und setze dies auch durch, wird das Kind von vorneherein wissen, dass meine Anweisungen zu befolgen sind. So kann das Kind das Vertrauen entwickeln, dass Mutter oder Vater schon wissen, was ihm guttut, was ihm wiederum die nötige Sicherheit verschafft, sich unbeschwert entwickeln zu können. Überlasse ich meinem Kind frühzeitig Entscheidungen, habe ich selbst nicht die nötige Sicherheit, meinen Anweisungen den entsprechenden Nachdruck zu verleihen, wird das Kind zwangsläufig verunsichert sein. Auch werden früher oder später die leidigen Diskussionen einreißen über all die notwendigen Alltagskleinigkeiten, die dann zu zermürbenden Machtkämpfen auswachsen können. Die gut gemeinte Demokratie in der Kindererziehung, in der man in bester Überzeugung die Kinder mitentscheiden lässt, über alles Wichtige und Unwichtige diskutiert, löst Verunsicherung aus oder aber Machtkämpfe, unter denen nicht nur die inzwischen genervten Eltern, sondern immer in erster Linie die Kinder selbst leiden!

Ich habe als Erwachsener tatsächlich einen Führungsauftrag meinem Kind gegenüber! Schließlich kenne ich die Welt, die das Kind – unter meiner liebevollen Führung – erst kennenlernen muss!

2.6.3 Regeln

Stelle ich feste Regeln auf, die den Alltag, das Zusammenleben betreffen, ist es wichtig, dass die Regeln möglichst ohne Ausnahmen durchführbar sind. Jede Ausnahme erschwert die Einhaltung dieser Regeln! Daher sollte man darauf achten, dass es wenige Regeln sind, sodass auch noch Raum für Freiräume bleibt. Mit solchen Regeln kann der Alltag, das harmonische Zusammenleben enorm erleichtert und Auseinandersetzungen auf ein Minimum beschränkt werden. Viele zermürbende Konflikte oder gar Strafen erübrigen sich so!

Kommt es dennoch zu Unstimmigkeiten, sodass eine Konsequenz für Fehlverhalten notwendig wird, muss diese für das Kind einsehbar und in direktem Zusammenhang mit dem Vergehen stehen (siehe auch unter „Angemessene Strafen").

Gelange ich erst im fortgeschrittenen Alter meiner Kinder zu dieser Überzeugung, ist es dennoch nicht zu spät, meine Erziehung umzustellen. Natürlich wird eine Änderung meines Erziehungsstils mühsamer und langwieriger, je älter die Kinder sind, aber geben Sie die Hoffnung nicht auf und haben Sie vor allem Geduld! Man braucht einen langen Atem, bis der Erfolg sich einstellt! Ändere ich häufig die Richtung, bleibt der Erfolg mit Sicherheit aus!

2.7 TIPPS FÜR DEN ALLTAG

Gesunder Menschenverstand statt pädagogischer Theorie

Vergessen Sie alle pädagogischen Theorien und schalten Sie Ihren gesunden Menschenverstand wieder ein!

Sie sind der Chef!

Eine wichtige Faustregel: Sie sind der Chef – nicht Ihre Kinder!

Es klingt zwar hart, ist aber so!

Keine Angst vor Widerstand!

Haben Sie keine Angst vor dem vehementen Protest Ihrer Kinder! Die Kinder spüren Ihre Angst oder Unsicherheit sofort und sind zunächst selbst verunsichert, später werden sie es ausnutzen!

Regelmäßiger Tagesablauf

Ein fester Tagesablauf und regelmäßige Rituale erleichtern den Alltag ungemein. Je unregelmäßiger ein Tagesablauf ist, desto schwieriger wird das Zusammenleben: Mahlzeiten, Schlafenszeiten, Schularbeiten und andere Alltagspflichten werden zum Dauerkonflikt mit Machtkämpfen, Diskussionen und nicht zuletzt Strafen, die vermieden werden könnten.

Humor statt Ärger

Humor ist ein guter Erziehungsratgeber! Er bietet Ihnen selber viel Spaß an Ihren Kindern und ist bei kleineren Vergehen oft wirkungsvoller als harte Maßnahmen!
Nicht zu verwechseln mit Ironie, die hingegen äußerst schädlich und verwirrend auf Kinder wirkt!

Sprachgewohnheiten

Achten Sie auf Ihre Sprachgewohnheiten! Formulieren Sie Anweisungen eindeutig und positiv! Lassen Sie sich nicht auf Diskussionen ein, die nutzlos sind. – Wenn es regnet, werden Gummistiefel angezogen – ohne Wenn und Aber!

3. KONSUM

„Weniger ist mehr" – ist die Devise dieses Kapitels.
Unserer Kindererziehung liegt in der Regel das Ziel zugrunde, den Kindern eine glückliche Kindheit zu bescheren, möglichst im Einklang mit den Bedürfnissen der Erwachsenen, und sie – bestenfalls – als leistungsfähige, eigenständige Menschen ins Leben zu entlassen. Dieses Ziel ist groß und nicht immer einfach zu erreichen. Aber ist das wirklich alles? Ist die Aufgabe der Kindererziehung nicht eigentlich viel größer und viel umfassender?

Der berühmt-berüchtigte Künstler Joseph Beuys prägte den Begriff von der „sozialen Skulptur". Gemeint ist der soziale Organismus einer Gesellschaft. Wenn er davon spricht, dass „... Jeder Mensch ein Künstler ..." sei, meinte er nicht etwa, jeder solle Bilder malen, sondern vielmehr, dass jeder Mensch all seine Kreativität und Energie dazu verwenden müsse, die große soziale Skulptur: die Gesellschaft, in der er lebt, aktiv mitzugestalten.

Dass wir in diesem Sinne mit der Erziehung unserer Kinder als der künftigen Generation, die dieses Kunstwerk zu gestalten hat, den größten Einfluss und somit die größte Verantwortung unserer Zeit tragen, ist so großartig wie erschreckend.

Ist es nicht bezeichnend, dass die Urheber und Förderer unserer heutigen Konsum- und Ellenbogengesellschaft – die in einer Globalisierung gipfelt, die den Reichtum der Konsumgesellschaften ins Unermessliche steigert, während im krassen Gegensatz dazu die Verarmung der von der Globalisierung benachteiligten Nationen wächst – ausgerechnet zur Zeit des Wirtschaftswunders, des weltweiten wirtschaftlichen Aufschwungs herangewachsen sind?

Ob Politiker oder Lehrer, Börsenmakler oder Handwerker, wir alle sind mitverantwortlich für die Entwicklung unserer Gesellschaft.

Geben wir unseren Kindern Werte mit auf den Weg, prägen sie mit Liebe zu charakterstarken, sozialen Persönlichkeiten, anstatt sie mit materiellen Werten in Form von einem Übermaß an Konsumgütern zu betäuben, könnte sich in Zukunft das Gesicht der Welt verändern!

Ein *Weniger* an Konsum – ein *Mehr* an Liebe!

Das sind große Worte, heroische Ziele, die zu groß scheinen für die eher nebensächliche Bedeutung, die der Kindererziehung in unserer Gesellschaft zukommt – also nur eine Utopie? Bedenken wir, dass die großen Wohltäter der Menschheit meist aus armen, gar bitterarmen Verhältnissen stammten!

Sollte uns das nicht zu denken geben? Ist hier nicht ein Indiz zu finden dafür, dass materielle Güter nicht garantieren für die Charakterbildung des heranwachsenden Menschen?

Weniger ist mehr!

3.1   MATERIELLER KONSUM

In unserer Konsum- und Überflussgesellschaft haben wir alle längst die Verhältnismäßigkeit verloren. Überall hört man von der „neuen Armut", von „Hartz IV"-Opfern, von durch Wirtschafts- und Finanzkrise verschuldeten Familien – und dennoch habe ich noch nie so viele neuwertige, teure Autos auf den Straßen gesehen. Ob auf dem Parkplatz der Universität oder vor der Disko – selbst die Jugend scheint im Geld zu schwimmen. Unsereins fuhr damals bescheiden eine alte Ente oder den verrosteten Käfer, arm fühlten wir uns aber nicht!

Noch nie war Kinderspielzeug so teuer wie heute, dennoch sind die Kinderzimmer geradezu überfüllt mit diesem „kostbaren" Material. Geht etwas kaputt – na und, dann kaufen wir eben was Neues.

Wie kann das sein, im Angesicht der „neuen Armut?"
Offenbar haben sich die Prioritäten verschoben hin zu einer Überbewertung von materiellen Gütern, deren Masse zu Statussymbolen erhoben wird, an denen wir unser eigenes Selbst-

wertgefühl festmachen, und weg von der Wertschätzung ganz anderer Dinge, die für das wirkliche Glück unserer Kinder und unser eigenes so wichtig wären.

3.1.1 Weniger ist mehr

Ein *Weniger* an Konsumgütern bringt oft ein *Mehr* an Lebensqualität, an Charakterstärke und wertvollen Fähigkeiten, ersetzt man die Konsumgüter mit Werten, die der kindlichen Entwicklung dienen. So könnten viele Erziehungsprobleme, die uns und unseren Kindern heute oft das Leben schwer machen, auf ein Minimum reduziert werden!

Die chronische Unzufriedenheit, die heute bei vielen Kindern, trotz (oder vielleicht gerade wegen?) ihrer überfüllten Kinderzimmer, anzutreffen ist, war uns damals, in unserer eigenen Kindheit, unbekannt!

Bedeutet *weniger* Material vielleicht auch *mehr* Glück und Zufriedenheit?

Zurück also zur „guten alten Zeit", in der wir uns noch über Kleinigkeiten freuen konnten?

Ein Zurück ist selten der richtige Weg. Wir leben in der Gegenwart und müssen diese gestalten, bewusst und verantwortungsvoll.

Wird uns bewusst, dass Konsum, ob Freizeitkonsum, materieller Konsum oder übertriebene Essgewohnheiten, uns und unsere Kinder nicht glücklicher macht, kommen wir vielleicht dazu, uns auf andere, meist vergessene Werte zu besinnen.

Osterhase, Nikolaus und Christkind

Wie glücklich waren wir als Kinder über die Ostereier, die der Osterhase uns brachte, oder die Äpfel, Nüsse und Lebkuchen aus dem Nikolaussack! Ein neuer Pullover, ein heiß ersehntes Spielzeug oder gar ein Paar Skier vom Christkind waren dann der Gipfel der Glückseligkeit!

Was muss der arme Osterhase heute dagegen alles schleppen: Fahrräder, Inliner, Schulranzen, Gameboys – die Ostereier oder gar das teure Osterhasenbilderbuch sind nur noch Beiwerk.

Lebkuchen und Äpfel aus dem Nikolaussack entlocken vielen Kindern heute nur noch ein müdes Lächeln. Schließlich muss auch er sich seit einiger Zeit den neuen Arbeitsbedingungen beugen und seinen alten Sack gegen modernere Transportmittel eintauschen. Was aber bleibt dem Christkind, wenn schon Osterhase und Nikolaus mit derart üppigen Gaben aufwarten, die kaum noch zu überbieten sind?

Lässt sich überhaupt die Vorstellung eines, mit Paketen überladenen Christkindes, das durch unsere Fenster flattert, noch mit der Weihnachtsgeschichte von dem in Kälte und Armut geborenen Jesuskind vereinbaren?

Die Jahresfeste, ein wesentlicher Bestandteil unserer Kultur, werden immer mehr reduziert auf das Ansammeln oder Verteilen von Konsumgütern in Form von Geschenken. Frage ich meine Kindergartenkinder nach dem Weihnachtsfest, so drehen sich die Antworten fast übereinstimmend um die vielen Geschenke und das Essen. Bestenfalls weiß der eine oder andere von einem Weihnachtslied zu berichten. Das Christkind ist auf die Funktion des Geschenkeüberbringers reduziert, mehr wissen die Kinder oft nicht mehr von ihm, obwohl wir in einer ausgesprochen katholischen Gegend wohnen, in der die Kirche eine durchaus zentrale Rolle spielt.

So verlieren traditionelle Werte immer mehr an Bedeutung und werden ersetzt durch materielle Werte.

Es ist schwer, ein Fest wie Weihnachten mit spirituellen, kulturellen Inhalten zu füllen.

Ich erinnere mich noch gut meiner Not, als ich einsehen musste, dass meine Kinder, trotz meiner Bemühungen um die richtigen Werte, den Geschenken unterm Weihnachtsbaum immer größere Bedeutung beimaßen. Wir wurden reichlich beschenkt von Freunden, Paten und Familie, unter dem Christbaum häuften sich die Pakete! Meine Töchter stürzten sich geradezu auf diese Fülle, rissen ein Paket nach dem anderen auf, ohne deren Inhalt wahrzunehmen, geschweige denn, ihn zu schätzen. Aus der Freude wurde die reine Gier. So beschlossen wir gemeinsam für die künftigen Weihnachtsfeste, pro Tag nur noch ein Paket auszupacken, und zwar gemeinsam, sodass die ganze Familie Anteil nehmen konnte. Außerdem vereinbarten wir mit Freunden und Verwandten, die Geschenkeflut zu reduzieren. Nun konnte also wieder der eigentliche Sinn des Festes in den Vordergrund rücken, wir sangen, musizierten, lasen die Weihnachtsgeschichte und verbrachten den Heiligabend in stimmungsvoller Ruhe, wobei die Geschenke nur noch einen kleinen Teil des Festes einnahmen. Die Kinder waren glücklicher, dankbarer und friedlicher!

Auch war es bei uns immer klar, dass nicht das Christkind die Geschenke bringt, sondern Oma, Opa, Paten oder Freunde, anlässlich des „Festes der Nächstenliebe", an dem Jesus sich selbst der Menschheit schenkte. So war es ein Leichtes, den eigentlichen Sinn des Festes zu vermitteln, ohne materielle und geistige Werte in unglaubwürdiger Weise zu vermischen.

Ein „spielzeugfreier" Kindergarten

Vor vielen Jahren war es ein geradezu wagemutiges Unterfangen, unseren, mit „pädagogischem" Material überfüllten Kindergarten zum „spielzeugfreien" Kindergarten zu machen. Wir beförderten kurzerhand Schränke voller Regel- und Tischspiele, Legematerial, Konstruktionsmaterial wie Lego und Lazy, Bastelmaterial in allen Varianten auf den Dachboden. Alles, was eher einer Beschäftigung als dem selbstbestimmten Spiel diente, keiner Kommunikation mit anderen Kindern bedurfte und keiner übermäßigen Kreativität, fiel unserer kritischen Säuberungsaktion zum Opfer.

Interessanterweise konnten die meisten Kinder nicht selbstständig spielen. Sie waren es gewöhnt, dass der Erwachsene mit ihnen „spielte" und mit dem Überangebot an Material den Spielverlauf vorgab. Wir bemühten uns vergeblich darum, den Kindern das selbstbestimmte, kreative Spielen beizubringen, bis wir uns zu eben jener wagemutigen Säuberungsaktion entschlossen. Ganz konsequent waren wir allerdings nicht: Das wenige Spielzeug, das zu freiem, kommunikativem und kreativem Spiel anregte, beließen wir im Kindergarten. Es war erschreckend wenig! Bauklötze und ein paar gerupfte Puppen.

Mit aktiver Beteiligung unserer großartigen und aufgeschlossenen Elternschaft stellten wir einfache Stoffpuppen her, bestückten die Bauecke mit Klötzen aus zersägten Ästen, Wurzeln, Tannenzapfen und anderem Naturmaterial. Mit der Zeit ähnelte unser Spielzeugangebot dem eines Waldorfkindergartens: wenig, einfach, natürlich.

Nach anfänglicher Irritation begannen die Kinder, nun in großen Spielgruppen zu spielen. Das Spiel wurde zunehmend vielseitig und fantasievoll und vor allem ausgesprochen fröhlich!

Zum Leidwesen einiger Mütter wollten die Kinder nun nach einem derart ausgefüllten Kindergartentag nicht mehr nach Hause!

Aus der benachbarten Grundschule, die unsere Kinder später besuchten, bekamen wir bald Rückmeldung über das ausgesprochen gute Sozialverhalten der Kinder sowie deren Lernmotivation und auffallend guter Auffassungsgabe!

3.1.2 Charakterbildung im Kinderzimmer

Charakterbildung im Kinderzimmer findet in vielen Situationen des Alltags statt. Einen großen Einfluss auf die Charakterbildung unserer Kinder hat der Umgang mit materiellen Gütern – nicht nur im Kinderzimmer.

So wird ein Kind, dem alle materiellen Wünsche erfüllt werden, das nicht lernt, zu verzichten und zu teilen, unzufrieden und zu einem Egoisten heranwachsen. Damit machen wir nicht nur uns und den Menschen, die unter dem Egoismus unseres Kindes zu leiden haben, das Leben schwer, sondern vor allem unserem Kind selbst!

Bedenken wir, wie schmerzhaft das Heranwachsen eines Kindes ist, dem eine Welt vorgegaukelt wird, die alle seine materiellen Wünsche erfüllt. Wie groß muss der Schock sein, wenn es erstmalig die Erfahrung macht, dass die Welt ihm nicht zu Füßen liegt, wie es ihm in jungen Jahren vorgetäuscht wurde!

Wie schmerzhaft muss ihm der Konflikt mit Mitmenschen und Freunden erscheinen, die seinen anerzogenen Egoismus nicht dulden wollen?

Ist aber schon die frühe Kindheit geprägt von einem maßvollen Umgang mit materiellen Gütern, von Achtung und angemessener Wertschätzung sowohl Mensch als auch Material gegenüber, bleiben dem Kind zumindest diese Schmerzen des Heranwachsens erspart.

Praktische Fähigkeiten

Bedenken wir, welche Fähigkeiten ein Kind entwickelt, das mit wenigen Mitteln Spiele erfinden und durchführen lernt:

- Kreativität
- Selbstständigkeit
- Sozialkompetenz
- Konfliktfähigkeit
- Teamfähigkeit
- Denken
- Improvisationstalent
- Konzentrationsfähigkeit

Um nur einige zu nennen!

Es wird erfindungsreich und kreativ, aktiv und sozial, es muss denken bei der „Arbeit", improvisieren und mit Konzentration und Durchhaltevermögen ein Projekt planen und durchführen, es muss sich mit Spielkameraden auseinandersetzen und einigen. Am Ende ist es erfüllt durch die innere Bilderwelt, die mit einem fantasievollen Spiel entsteht. Es ist beglückt durch die kommunikative Nähe zu den Spielkameraden, die das gemeinsame, reichhaltige Erlebnis eines selbst gestalteten, ausgefüllten Spiels erzeugt. Es ist selbstbewusst durch den Erfolg, aus eigenen Kräften die notwendigen Mittel zur Durchführung des Spiels erstellt zu haben.

Immer wieder setzt mich der Ideenreichtum meiner Kindergartenkinder in Erstaunen, die mit den wenigen Mitteln, die unserer strengen Zensur standhalten konnten, ein reichhaltiges Spiel entwickeln, das sie oft über Stunden beschäftigt. Sie sind stolz und glücklich über ihre Leistung, selbst etwas erschaffen zu haben. Sie bauen Häuser aus Tüchern und Ständern, für den Kaufladen müssen Stühle und Bretter herhalten, aus Kastanien und Tannenzapfen werden Kartoffeln und Karotten, die zum Verkauf feilgeboten werden. Die Einkaufstüten müssen erst noch gebastelt werden, bezahlen kann man mit Edelsteinen, die andernfalls auch als Beutegut für die Ritterburg dienen. Ein derart improvisiertes Spiel kann lange dauern, es erfordert Fantasie, Aktivität, Konzentration und viel Kommunikation. Am Ende sind die Kinder glücklich, ausgeglichen und ermutigt zu neuen Taten.

Wie anders wäre ein Spiel mit dem perfekten Kaufladen samt vollständigem Zubehör! Das Einkaufen würde schnell uninteressant und unbefriedigend und nach kurzer Zeit müsste ein neues Spiel her.

Das kindliche Spielverhalten wird sprunghaft und oberflächlich, das Kind lernt nicht, über einen längeren Zeitraum bei einer Sache zu bleiben.

Soziale Fähigkeiten

Dazu kommen soziale Fähigkeiten, die das Kind im Erwachsenenalter zu einem offenen, großzügigen, verständnisvollen und vor allem liebenswerten Menschen machen.

Meist ist es besonders gut gemeint von Eltern, die ein Kinderzimmer mit möglichst viel Spielzeug ausstatten, damit für jeden – ob Geschwister oder Freunde – auch genug da ist.

Wie soll ein kleines Kind aber das Teilen lernen, wenn gar keine Notwendigkeit dazu besteht?

Dennoch streiten ausgerechnet diejenigen Kinder am meisten um ihr Spielzeug, die besonders viel davon besitzen.

Ebenso findet man gerade bei den reichhaltig ausgestatteten Kindern häufig eine chronische Unzufriedenheit, die ihrer Umwelt, vor allem aber ihnen selbst das Leben manchmal schwer macht. Viel Haben erzeugt bekanntlich Lust auf mehr

Haben! Ganz nach dem Motto: „Bescheidenheit ist eine Zier – doch weiter kommt man ohne ihr."

Müssen wir daraus nicht zwangsläufig schließen, dass wir unsere Kinder mit allzu üppigen, meist gut gemeinten Geschenken eher unglücklich als glücklich machen? Dass wir die Entwicklung von Fähigkeiten verhindern, die sie dringend zur Bewältigung ihres ganzen Lebens benötigen? Dass wir eine Charakterbildung verhindern, die unser eigentliches Erziehungsziel ist?

Sozialkompetenz ist ein Begriff, der in der modernen Gesellschaft zunehmend an Bedeutung gewinnt. Diese Fähigkeit wird in jungen Jahren angelegt und muss in der Kindheit erlernt werden.

Ohne Sozialkompetenz hat der Mensch wenig Chancen, in der zukünftigen Gesellschaft zu bestehen. Im Berufsleben spielt die Fähigkeit zu Teamwork eine wachsende Rolle. Im Privatleben, ob in Familie oder Freundeskreis, kommt einem diese Fähigkeit ebenfalls zugute.

Mit einem *Weniger* an materiellen Gütern verschaffen wir uns und unseren Kindern ein *Mehr* an Glück und Zufriedenheit, ein *Mehr* an Selbstbewusstsein und Kreativität, ein *Mehr* an lebenswichtigen Fähigkeiten, ein *Mehr* an Freundschaft und Liebe!

3.1.3 Qualität statt Quantität

Längst scheint die Quantität über die Qualität zu triumphieren. Es ist nicht mehr wichtig, gute oder nützliche, wertvolle oder schöne Dinge zu besitzen, sondern: Hauptsache, viele. Aber je mehr wir besitzen wollen, desto geringer muss unser Qualitätsanspruch werden, sofern uns kein unerschöpfliches Bankkonto die Erfüllung unserer wachsenden Wünsche sichert. So lernen wir und unsere Kinder, faule Kompromisse zu machen, das ästhetische Empfinden wird reduziert oder gar nicht erst entwickelt.

Beschränkt man sich aber bei der Spielzeugauswahl auf wenig, aber brauchbares Spielzeug, das am Ende nicht mit all den un-

zähligen anderen unnützen Dingen in der Ecke herumliegt, wirkt sich das wiederum schonend auf unseren Geldbeutel aus. Bedenkt man jedoch, dass einfaches Spielzeug, das nicht mit allem möglichen technischen Schnickschnack ausgestattet ist, meist das bessere, pädagogisch wertvollere Spielzeug ist, muss selbst Qualität nicht teuer sein!
„Weniger ist mehr"!

Ästhetisches Empfinden

Nicht selten erlebe ich erwachsene Menschen, die beim Anblick eines objektiv hässlichen Spielzeugs in Entzücken ausbrechen, ohne zu merken, dass sie von der Spielzeugindustrie, die weder an pädagogischen Werten noch an Qualität, sondern ausschließlich am Umsatz interessiert ist, an der Nase herumgeführt werden. So wird unser Urteilsvermögen ganz allmählich unterwandert, bis wir kaum noch unterscheiden können, ob ein Spielzeug schön oder hässlich, nützlich, anregend oder einfach nur „trendy" ist. Unseren Kindern wird frühzeitig durch Werbung und vorgegebene Trends ein objektives Gefühl für Schönheit oder Qualität verwehrt!
Ich selbst bin oft erschrocken über die schaurigen „Schätze", die meine Kinder voller Stolz in den Kindergarten tragen. Ob Himan, Turtles oder grunzende Ungeheuer, sprechende, sabbernde Babypuppen, die sogar pinkeln können, schweinchenrosa Pferdchen mit hellblauem Augenaufschlag oder lautstark quietschende, klingelnde, plärrende Handyattrappen – die Palette reicht von kitschig bis angsterregend, von hässlich über gewaltverherrlichend bis überflüssig. Eines haben diese „Spielzeuge" gemeinsam: Man kann nicht mit ihnen spielen! Sie werden herumgetragen und vor allem gezeigt – hier geht es offensichtlich um den bloßen Besitz, nicht aber um irgendeinen nützlichen Wert.
Wie soll sich in Anbetracht derartiger Geschmacklosigkeiten ein ästhetisches Empfinden oder Qualitätsbewusstsein entwickeln? Wie sollen Kinder lernen, zwischen Schön und Hässlich, Gut und Böse zu unterscheiden?

Meine älteste Tochter las mit Vorliebe Bücher von Astrid Lindgren. Irgendwann geriet sie natürlich auch an die „trendige", wenig gehaltvolle Mädchenliteratur und andere „angesagte" Kinderbücher. Nachdem sie diese geradezu verschlungen hatte, sagte sie eines Tages: „Die sind ja schon spannend, aber richtig gut sind nur die von Astrid Lindgren." Dieses eindeutige Qualitätsurteil meiner damals zwölfjährigen Tochter freute mich sehr!

Ebenso bringen einige meiner Kindergartenkinder wunderbares, schönes und vor allem brauchbares Spielzeug mit, das schnell ins Spiel integriert wird und dieses sogar noch bereichert.

3.1.4 Motive des Erwachsenen

Was treibt uns Erwachsene zu dieser derart überzogenen Großzügigkeit unseren Kindern gegenüber? Ist es Liebe? Oder gar ein schlechtes Gewissen, weil wir oft nicht mehr genug Zeit und Ruhe für unsere Kinder finden? Unterliegen wir einem, durch Werbung und üppige Schaufensterauslagen ausgelösten allgemeinen Kaufzwang? Vielleicht nachbarschaftlicher Konkurrenzkampf oder definieren wir unser Selbstwertgefühl über materielle Werte?

In einem Vortrag vor einer Kindergartenelternschaft zum Thema „Konsum" stellte ich die Frage an die Anwesenden, was Kinder denn im Leben wirklich brauchen:

- Liebe
- Zuwendung
- Zeit
- Verständnis
- Naturerlebnisse
- Geborgenheit

Dies – und mehr davon – waren die spontanen Antworten der anwesenden Elternschaft. Keiner von ihnen schien der Meinung zu sein, dass Kinder viel Spielzeug, überfüllte Kleiderschränke, Computer, eigene Fernseher etc. brauchen, um glücklich zu sein.

Offenbar wissen die meisten Eltern im Grunde ihres Herzens sehr genau, was ihre Kinder wirklich brauchen. Dennoch bekommen fast alle Kinder mehr materielle Güter als nötig, mehr auch als Liebe und Geborgenheit, Verständnis, Zeit oder Geduld.

Das liegt also offenbar nicht an der Unkenntnis oder gar dem Unwillen der Eltern, sondern eher an den immer schwieriger werdenden Verhältnissen unserer Gesellschaft. Eine Mutter, die „hauptberuflich" Mutter ist, hat heute Seltenheitswert!. Geld verdienen ist längst nicht mehr nur Männersache. Sowohl finanzielle Zwänge als auch die nach wie vor in unserer Leistungsgesellschaft als minderwertig betrachtete Rolle der Hausfrau und Mutter treiben viele Mütter in die Berufstätigkeit. So sind oft beide Elternteile so belastet, dass sie kaum noch Zeit, Energie und Muße haben, sich auf die wahren Bedürfnisse ihrer Kinder zu besinnen.

Vielleicht betäuben wir mit materiellem Überfluss aller Art auch unser Gewissen und unsere eigene Unzufriedenheit, ohne unseren Kindern damit auch nur ein einziges echtes Bedürfnis zu befriedigen!

Aber nicht nur das schlechte Gewissen ist Ursache unserer vermeintlichen Großzügigkeit. Wir alle sind auch Opfer der Konsumgesellschaft, oft ohne es zu merken.

Ich selbst ertappe mich immer wieder dabei, wie ich mit einem besonders schönen Spielzeug, einem schönen Bilderbuch liebäugele, obwohl meine Kinder längst aus dem Haus und Enkelkinder noch nicht in Sicht sind. Die Verlockung lauert an jeder Straßenecke!

Konkurrenzkampf

In manchen Fällen werden Spielzeug, Kinderkleider, Skiausrüstung usw. zum Gegenstand eines regelrechten Nachbarschaftswettbewerbes.

Ein unterschwelliger Konkurrenzkampf, wer nun das beste, schönste, meiste, größte besitzt, setzt so manches Kind unter einen belastenden Leistungs- bzw. Geltungsdruck. „Alle haben Pokémon-Karten, nur ich nicht ...“ oder: „Ich bin die Einzige, die dies oder jenes nicht hat – oder darf ...“ Wer kennt solche Sätze nicht, mit denen Kinder wiederum uns Eltern unter Druck zu setzen versuchen!

Oft begünstigen sogar Eltern unbewusst diesen Konkurrenzkampf, den sie ihrerseits mit Nachbarn, Freunden oder Verwandten austragen. Wessen Kind hat die hübscheren Kleider, die bessere Skiausrüstung oder den teureren Schulranzen? Wessen Kind kann früher laufen, besser sprechen oder sauberer essen?

Angst – auch Eltern wollen geliebt werden!

Eine meiner Kindergartenmütter, die sich sehr um ihre Kinder bemühte, konnte es nicht lassen, ihre Kinder fast täglich mit einem neuen, nicht immer pädagogisch wertvollen Spielzeug zu beglücken, obwohl ihr die ungute Wirkung ihres Handelns durchaus bewusst war. Oft stöhnte sie selbst über das Chaos im überfüllten Kinderzimmer, in dem ihre Kinder kaum noch Platz zum Spielen fänden. Auf die Frage, warum sie ihre offensichtlich unnötige Großzügigkeit nicht einstelle, antwortete sie: „Aber sie freuen sich doch immer so!“

Würde ich mein kleines Kind auch mit dem scharfen Messer spielen oder auf dem Balkongeländer balancieren lassen, weil es sich darüber freuen würde? Natürlich nicht, weil ich weiß, dass es schädlich oder gar gefährlich wäre. Warum aber schaffen wir es nicht, denselben Maßstab anzusetzen, wenn es um die ebenso schädliche – wenn auch nicht unmittelbar lebensbedrohliche – Anhäufung von Material geht?

Der Schaden, der durch ein überfülltes Kinderzimmer entsteht, ist natürlich nicht so akut, nicht so offensichtlich wie eine gefährliche Kletteraktion.

Dass es uns Müttern so schwerfällt, „Nein" zu sagen oder dem geliebten Kind einen Wunsch abzuschlagen, hat verschiedene Gründe:

Wir haben Angst
* vor Liebesentzug;
* dass das Kind sich ungeliebt fühlen könnte;
* vor einer starken Reaktion (Wut, Trotz, Trauer …).

Unter diesem Gesichtspunkt müssten wir uns eingestehen, dass das Motiv für unsere Großzügigkeit, mit der wir scheinbar liebevoll den Kindern alle Wünsche von den Augen ablesen, im Grunde nichts mit echter Liebe zu tun hat. Wir müssten uns eingestehen, dass wir Glück und Zufriedenheit und vor allem die gesunde Entwicklung unserer Kinder aufs Spiel setzen für unser eigenes Bedürfnis, vom Kind geliebt zu werden oder anstrengende Szenen zu vermeiden.

Gleichzeitig unterstellen wir unseren Kindern eine eingeschränkte Liebesfähigkeit, die sich auf die Menge der materiellen Geschenke reduziert.

Wo bleibt das Vertrauen in unsere Liebe und in die Liebe unserer Kinder? Haben wir vergessen, wie groß die Liebesfähigkeit der Kinder ist? Dass Kinder durchaus in der Lage sind, an unsere Liebe zu glauben, auch wenn wir „Nein" sagen? Kinder wissen sehr genau, dass gerade in einem fürsorglichen „Nein", das zu ihrem Wohle ausgesprochen wird, mehr Liebe steckt als in jeder materiellen Zuwendung – ohne dass wir dies erklären müssen!

Ein Kind, das frühzeitig Genügsamkeit lernt, das teilen und verzichten kann, wird es im ganzen weiteren Leben leichter haben! Wollen wir wirklich die Verantwortung für all den Schmerz auf uns nehmen, den unser Kind schon in jungen Jahren erfahren muss, hat es dies nicht gelernt? Nur weil es im Moment einfacher oder netter scheint, die liebe großzügige Mami zu spielen?

Immer wieder habe ich Kinder im Kindergarten, die erstaunt, ja geradezu erschüttert reagieren, wenn sie feststellen, dass sie nicht alles haben können, was sie gerade „brauchen". Meist artet eine solche Situation in verzweifelte Wutanfälle aus. Das Kind muss nun in der Gemeinschaft schmerzhaft lernen, was Eltern aus falsch verstandener Liebe versäumt haben!

Auch die Selbsttäuschung, ein üppig ausgestattetes Kinderzimmer bürgt für die Qualität meiner erzieherischen Fähigkeiten, ist weit verbreitet.

Hinterfragen wir bei jedem Einkauf unsere eigenen Motive, die dem Kauf eines Kinderspielzeugs zugrunde liegen, werden wir oft feststellen, dass die Motive meist wenig mit dem Wohlergehen unseres Kindes zu tun haben.

So ist der erste Schritt zu einem bewussten und kindgerechten Umgang mit materiellen Gütern eine ehrliche Analyse unserer eigenen Motive. Sind uns unsere Motive erst bewusst, wird es vielleicht nicht mehr so schwer sein, die Einsicht in die Tat umzusetzen und den Überfluss im Kinderzimmer einzudämmen.

Vielleicht besinnen so auch wir uns wieder auf Werte, die unser Leben mehr bereichern würden als die bloße Ansammlung von Material!

Weniger ist mehr!

3.1.5 Gesellschaftlicher Druck

Der gesellschaftliche Druck scheint sowohl für das Konsumverhalten der Erwachsenen als auch in besonderem Maße für das unserer Kinder Maßstäbe zu setzen, denen wir uns nicht entziehen zu können glauben.

So hat die Wirtschaft in ihrem Bestreben nach permanentem Wachstum unser Bewusstsein bereits so vernebelt, dass wir scheinbar nicht mehr in der Lage sind zu hinterfragen, welche Konsumgüter notwendig oder aber überflüssig sind. Warum wir überflüssige Dinge meinen kaufen zu müssen, entzieht sich immer mehr unserem Bewusstsein.

Trends als gesellschaftliche Zwänge

Erst kürzlich stöhnte eine meiner Kindergartenmütter über die unglaublichen Kosten, die die Einschulung ihres Kindes mit sich bringt:

Ein Schulranzen samt passenden Accessoires wie Mäppchen, Sportbeutel, Vesperdose, Trinkflasche etc. koste sage und schreibe 130 Euro! Nicht gerechnet die speziellen Stifte und Hefte, Sportbekleidung und vieles mehr. Vor der Einführung des Euro habe die gleiche Ausführung 130 DM gekostet. Ist das die Möglichkeit? Nun ja – natürlich gibt es auch billigere, sogar viel billigere! Aber diese haben nicht die ergodynamische Rückenform, außerdem wünsche der Sohn die besondere Ausführung mit den angesagten Fußball-Motiven, die Tochter brauche die Barbieausführung in Rosa.

Eine andere, am Gespräch beteiligte Mutter kam wesentlich billiger weg: Ihrer Tochter brachte der Osterhase den Schulranzen, der nicht so trendig, nicht so rosa – dafür nicht so teuer und nicht so geschmacklos war. Interessanterweise hat dieses Kind sich ebenso über seinen Schulranzen gefreut wie diejenigen, deren Glück offenbar von den teuren Trendversionen abhing. Erschreckend aber ist, dass ein solch teures Prachtstück nicht etwa eine Anschaffung mit Zukunft ist – weit gefehlt! Spätestens beim Eintritt in die weiterführende Schule nach vier Jahren kann man schließlich nicht mehr mit so einem „Babykram" herumlaufen. Nun muss der „Eastpack" her – nicht ganz billig, aber Markenqualität, die natürlich jeder hat! Spätestens nach zwei Jahren stellen die Kinder fest, dass der Trend sich geändert hat: Diesmal heißt es „For you" samt passenden Accessoires.

Die alten, meist noch guten Schulranzen kommen in den Müll. Wer würde schon mit einem gebrauchten Ranzen aufwarten wollen? Das würden weder die konsumverwöhnten Kinder noch die stolzen Eltern aushalten.

Die modernen Schulranzen sind ein Geniestreich der Produktdesigner! Sie sind in Form und Design so speziell auf die

Bedürfnisse von Grundschülern beschränkt, dass man spätestens nach vier Jahren einen neuen Ranzen kaufen *muss*!

Es gibt sie noch, die vielseitig verwendbaren Schultaschen, die, entfernt man die Träger, auch den Zwecken eines Hauptschülers, Gymnasiasten oder gar Studenten dienlich wären und darüber hinaus sogar erträglich anzusehen sind: nämlich neutral!

Dieses Beispiel, das sich auf alle Bereiche unseres Konsumverhaltens übertragen lässt, zeigt deutlich, wie sehr wir von gesellschaftlichen Zwängen geleitet sind, die uns von der Wirtschaft diktiert werden.

Es scheint geradezu unmöglich, sich diesen Zwängen zu entziehen, ohne unsere Kinder zu Außenseitern zu machen.

Bedenken wir, dass dieser Druck von außen, sich den Trends unterordnen zu müssen, nicht bei Spielzeug und Kleidung bleiben wird, sondern mit zunehmendem Alter weit besorgniserregendere Formen annehmen kann! Sei es durch Rauchen, Alkohol, Drogen oder Schlimmeres, womit sich der Heranwachsende die Zugehörigkeit zur Gemeinschaft meint, sichern zu müssen.

Das folgende Beispiel zeigt hingegen, dass die Zugehörigkeit eben nicht abhängig sein muss vom Einhalten der vorgegebenen Trends:

In der Klasse meiner Tochter war das Rauchen in jungen Jahren geradezu ein Muss, um dazuzugehören. Alle, die es nicht taten, waren „uncool" und natürlich Außenseiter. Ein Mädchen jedoch verweigerte sich mit größter Selbstverständlichkeit diesem Zwang, gehörte aber nach wie vor zum Mittelpunkt der Klassengemeinschaft. Sie stammte aus einer Familie, die sich grundsätzlich dem allgemeinen Trend und Konsumzwang widersetzte, ohne dadurch an Popularität in der Klasse zu verlieren. Dies traf auf alle fünf Kinder dieser Familie zu, woran unschwer zu erkennen ist, dass Beliebtheit und Anerkennung nicht allein auf die Einhaltung von Trends zurückzuführen sind!

Dieses Mädchen hatte zumindest für meine Tochter sogar Vorbildfunktion!

Schon im Kindergartenalter werden die Kinder zu Trendsettern konditioniert, was die Eltern oft willig unterstützen, ohne sich der verheerenden Folgen bewusst zu sein.

Animiert von den Medien muss die Kindergartentasche aussehen wie ein Teletubbie, die Puppe wird zur „Babyborn", ausgestattet mit unzähligen Accessoires, die wiederum in „kindgerechten" Katalogen feilgeboten werden und inzwischen zur Standardausrüstung des Kinderzimmers gehören. Wer sich mit einer herkömmlichen, meist viel schöneren Puppe begnügt, möglichst noch mit selbst genähten Kleidern, ist „out" – so meinen zumindest die Erwachsenen.

Es ist noch nicht lange her, dass die Pokémon-Hysterie einen regelrechten Aufschrei in der Pädagogen-Szene auslöste, weil sie so bedenkliche Formen annahm, dass man sich um das Wohl der Kinder ernsthaft Sorgen machen musste. Viele alarmierte LehrerInnen und ErzieherInnen sprachen in Schulen und Kindergärten ein regelrechtes Pokémon-Verbot aus.

So machen wir unsere Kinder bereits im Kindergartenalter zu abhängigen Teilnehmern von Massentrends, denen sie sich mit zunehmendem Alter immer weniger entziehen können.

Was hindert uns daran, uns diesem, offenbar übergroßen gesellschaftlichen Druck zu widersetzen? Würde unser Kind wirklich zum Außenseiter, wenn sein Schulranzen, seine Kleidung, sein Spielzeug nicht den vorgegebenen Trends entsprächen?

Sind es nicht wir selbst, die eine derartige Entwicklung überhaupt erst zulassen? Ist unsere Macht, unser Einfluss auf die Kinder, ihnen die Kraft und das Selbstbewusstsein zur eigenen Meinung und eigenen Werten zu vermitteln, dem Druck der Trends gewichen?

Angebot und Nachfrage

Das Prinzip von Angebot und Nachfrage war ursprünglich die Grundlage unseres Wirtschaftssystems. Ein durchaus sinnvolles Prinzip, das sowohl den Bestrebungen der Wirtschaft nach Wachstum als auch den Bedürfnissen der Konsumenten gerecht werden sollte. Musste doch die Wirtschaft mit ihrer Produktion die Bedürfnisse des Konsumenten befriedigen. Inzwischen hat sich dieses Prinzip geradezu pervertiert, indem die Wirtschaft zunehmend Bedürfnisse schafft, wo gar keine sind, ganz gleich, ob diese sinnvoll sind oder nicht – Hauptsache, der Absatzmarkt ist gesichert. Die wirklichen Bedürfnisse des Konsumenten spielen keine Rolle mehr. Wie viele überflüssige, vollkommen nutzlose oder gar schädliche Dinge gibt es auf dem Markt, die wir meinen, kaufen zu müssen, weil uns durch anhaltende „Gehirnwäsche" in Form von einem regelrechten Dauerbeschuss der Werbung deren Unentbehrlichkeit suggeriert wird?

Wie viel entlasteter könnte unser Geldbeutel sein, wären wir in der Lage, uns den Einflüssen der Werbung zu entziehen und uns auf das Notwendige, Wesentliche zu beschränken!

Konsumverhalten ist Erziehungssache!

Konsumverhalten ist eine Bewusstseinsfrage. Der erste Schritt zu einem sinnvollen Umgang mit Konsumgütern geht über das Bewusstsein. Sind wir uns über unser Konsumverhalten im Klaren, können wir es verändern. Wie sehr der gesellschaftliche Druck uns dabei beeinflusst, entscheiden allein wir!

Besinnen wir uns auf unsere Kraft, auf unsere Liebe und den damit verbundenen Einfluss, den wir trotz starker Trends, trotz mannigfaltiger Zwänge von außen auf unsere Kinder haben! Wir sind durchaus in der Lage, unseren Kindern das Selbstbewusstsein und vor allem eigene Werte zu vermitteln, wodurch sich die Notwendigkeit, den allgemeinen Trends zu folgen, stark relativiert.

Je größer die Überzeugung und Entschlossenheit der Eltern, sich und ihre Kinder nicht zu Sklaven der Konsumgesellschaft zu machen, desto selbstbewusster werden die Kinder dies auch vor ihren Kameraden vertreten können. Hat das Kind starke innere Werte, fühlt sich geliebt und akzeptiert, braucht es nicht die Einhaltung von Trends, um dazuzugehören, um sich zu behaupten und Anerkennung zu verschaffen. Am glücklichsten wird das Kind sein, das um seiner selbst willen geliebt und geachtet wird, nicht aber dasjenige, das sich durch modische Accessoires die Anerkennung der anderen Kinder sichern muss. So ist es auch keineswegs zwingend, dass ein Kind automatisch zum Außenseiter wird, das nicht den genormten Schulranzen, die Markenjeans oder den angesagten Gameboy vorzuweisen hat.

Im Kindergartenalter ist es noch verhältnismäßig leicht, eigene Maßstäbe zu setzen. Ich habe viele Kinder im Kindergarten, deren Eltern sich weigern, Spielzeug zu kaufen, das nicht ihrer pädagogischen Überzeugung, ihrem ästhetischen Empfinden oder ihrem Geldbeutel entspricht. Diese Kinder besitzen meist weniger als ihre Kameraden, nicht die angesagte „Babyborn" oder das Laserschwert der Poverrangers. Dennoch scheinen gerade diese Kinder stärker, kreativer und freier zu sein als die „glücklichen" Besitzer der entsprechenden Modespielsachen.

Je älter die Kinder sind, desto schwieriger wird es, ihnen die Befolgung von Trends zu verweigern, desto mehr werden sie darunter leiden, mit der „Mode" nicht mithalten zu können. Haben wir sie aber schon in jungen Jahren zu echter Wertschätzung und Unabhängigkeit erzogen, werden sie später nicht nur dem Druck standhalten können, sondern sich ihm aus eigener Kraft und Überzeugung widersetzen. Natürlich können wir unseren Kindern damit nicht das „Wünschen" abgewöhnen, müssen wir auch gar nicht! Muss denn jeder Wunsch erfüllt werden? Auch wir Erwachsene müssen auf vieles verzichten, und das will gelernt sein!

Mit einem Beispiel aus meinem Freundeskreis lässt sich diese Problematik veranschaulichen: Der 12-jährige Sohn war nicht gerade glücklich über die zurückhaltende Konsumbereitschaft seiner Eltern. Jogiyo-Karten waren sein Herzenswunsch: „Alle haben welche, nur ich nicht ..." Ein Wochenende beim Cousin versetzte ihn in die erfreuliche Lage, sich ausgiebig mit dessen großer Sammlung zu beschäftigen. Nach einigen Stunden war der Spaß wohl ausgereizt, der Cousin jedoch konnte sich zu keiner interessanteren Beschäftigung durchringen.

Dennoch brachte er nach diesem eher unbefriedigenden Wochenende stolz einige dieser Karten mit nachhause, ein großzügiges Geschenk seines Cousins. Die Mutter nahm sich die Zeit, gemeinsam mit dem Sohn die Bilder zu betrachten, machte ihr Kind auf die wirklich ausgesprochene Hässlichkeit und Grausamkeit der Figuren aufmerksam, ohne ihn jedoch zu nötigen, sich von seinem neu errungenen Schatz zu trennen. Am nächsten Tag bereits brachte der überzeugte Sohn die Karten mit der Feststellung, dass sie tatsächlich ausgesprochen hässlich und darüber hinaus eigentlich nicht wirklich nützlich seien, um sie mit triumphierender Geste in den Ofen zu werfen. Diese Einsicht kommt nicht von allein, sie setzt die eindeutige Haltung der Eltern voraus, die ihren Kindern durch Vorbild und bewusstes Konsumverhalten ein Qualitätsbewusstsein vermitteln, das mit zunehmendem Alter immer mehr zum Tragen kommt.

So reifen die Persönlichkeiten heran, die unsere Gesellschaft so dringend braucht!

Konsumboykott

Besinnen wir uns auf unsere Macht als Konsumenten, die wir im Sinne des Prinzips von Angebot und Nachfrage durchaus haben, so könnten wir großen Einfluss ausüben auf die Angebote der Spielwarenläden. Unsere Kinder stellen als Zielgruppe einen erstaunlich großen Wirtschaftsfaktor dar!

Würden wir diese Macht in Besitz nehmen, indem immer mehr Eltern sich dem Einfluss von Werbung und Trends verweigern, wäre die Spielzeugindustrie bald gezwungen, ihre Strategie zu ändern!

Schon im kleinen Rahmen können wir Großes bewirken, indem wir in unserem nächsten Umfeld Akzente setzen.

Haben wir uns entschlossen, unsere Kinder bewusst zu beschenken mit wenigen, aber nützlichen oder pädagogisch wertvollen Spielsachen, können wir dies auch von Großeltern, Freunden, Paten und Verwandten verlangen. Schon bei den kleinen Geschenken an Kindergeburtstagen kann man Einfluss ausüben.

Dass die Wirtschaft keine Institution mit pädagogischen und sozialen Ambitionen ist, ist hinlänglich bekannt. Ob wir uns aber unsere Bedürfnisse von der Wirtschaft diktieren lassen, ist unsere eigene Entscheidung!

3.2   FREIZEITKONSUM

„Freizeit" ist in der Moderne zu einem Begriff geworden, der sich weit entfernt hat von seiner ursprünglichen Bedeutung.
Freizeit – Frei-Zeit – freie Zeit – Zeit der Freiheit.
Wir geben uns die größte Mühe, diese Frei-Zeit möglichst lückenlos zu füllen, sodass von Freizeit nicht mehr die Rede sein kann.
Hier wäre der Begriff „Zeitvertreib" weit angemessener als „Freizeit". Geht es doch offenbar viel eher darum, die Zeit zu vertreiben, als sie in Freiheit zu genießen!
Auch hier also hat sich unsere Konsumgesellschaft bereits so breitgemacht, dass wir verlernt haben, Freizeit – freie Zeit – Freiheit – überhaupt noch zu ertragen und zu gestalten.
Ob zu Hause, im Kindergarten, mit sogenannten „Freizeitangeboten" oder im Urlaub – wir alle sind bestrebt, unsere freie Zeit und die unserer Kinder möglichst so zu verplanen, zu „vertreiben", dass keine Frei-Zeit mehr bleibt.
Auch das ist eine Art von Konsumverhalten, das dringend einer Analyse bedarf!

3.2.1 Daueranimation

Der Terminkalender unserer Kinder unterscheidet sich oft kaum noch von dem eines viel beschäftigten Erwachsenen. Im schlimmsten Fall sieht das dann folgendermaßen aus:
Montag: Fußballtraining, Badminton, Ballet …
Dienstag: Schwimmkurs
Mittwoch: Englisch für Kleinkinder
Donnerstag: Reiten
Freitag: Musikschule
Samstag: Kreatives Basteln

Spontane Kinderbesuche, Arzttermine oder Kindergeburtstage kommen hinzu!
Ist das Kind dann unruhig, schwierig, unkonzentriert oder hat Sprachstörungen, muss der letzte freie Termin noch für Ergotherapie, Sprachtherapie oder Entspannungstraining herhalten.

Nicht anders geht es in vielen Kindergärten zu:
Montag: Projektorientiertes Basteln
Dienstag: Turnen
Mittwoch: Vorschultraining
Donnerstag: Backen, Kochen
Freitag: Freispiel im Garten

Im Urlaub dann sorgt ein engagiertes Team von Animateuren für ein lückenloses Beschäftigungsprogramm.
Das ist natürlich eine etwas übertriebene Darstellung der gut gemeinten pädagogischen Ambitionen von Eltern und Erziehern!
Ich habe das große Glück, auf dem Land zu leben; hier gibt es fast unbegrenzte Möglichkeiten für das freie Spiel der Kinder. Ob in der herrlichen Natur, die uns umgibt, oder zu Hause, die wenigsten Familien wohnen hier in beengten Verhältnissen, die das kindliche Spiel beeinträchtigen würden. Dennoch sind die meisten Eltern bestrebt – in bestem Wissen und Gewissen –, die Frei-Zeit ihrer Kinder möglichst lückenlos mit Terminen zu füllen.
All diese Beschäftigungsangebote in Kindergarten und „Freizeit" können im Einzelnen durchaus gut und nützlich sein. Erst die Masse dieser Angebote stellt deren pädagogischen Nutzen infrage.

Bildungsangebote

In unserer Bildungs- und Leistungsgesellschaft fühlen sich viele Eltern und Erzieher geradezu verpflichtet, die Kinder möglichst gut vorzubereiten auf die wachsenden Anforderungen, die in Schule und später im Beruf auf sie zukommen werden. Das ist auch durchaus richtig und notwendig!

Bedenken wir aber, wie viel Fähigkeiten die Kinder im freien, selbstbestimmten Spiel erlernen, können wir getrost die meisten Bildungsangebote aus dem Terminkalender unserer Kinder streichen!

Häufig klagen Eltern darüber, dass sie bei all den ach so vielen wichtigen Terminen zum Chauffeur ihrer Kinder werden.

Nähmen wir nur die vielen Stunden, die wir damit zubringen, unsere Kinder von einem Termin zum nächsten zu transportieren, hätten wir eine Menge Zeit, unseren Kindern hochwertige Bildung im ganz alltäglichen Geschehen zu vermitteln.

Was Kinder zum Beispiel auf einem einfachen Spaziergang lernen können, wird oft unterschätzt. Da lernen die Kinder, sich im Straßenverkehr zu bewegen, wenn man bewusst richtiges Verhalten im Verkehr praktiziert und übt. Sie könnten viel über die Tier- und Pflanzenwelt ihrer Umgebung lernen. Sprachförderung findet in jedem Gespräch zwischen Eltern und Kindern statt, Bewegung verbunden mit einer gesunden Sauerstoffzufuhr fördert in hohem Maße die Entwicklung des Gehirns u.v.m.

Sind wir mit unseren Kindergartenkindern unterwegs, vereinbaren wir z. B. gemeinsam Treffpunkte, an denen sich alle wieder versammeln müssen. Dafür suchen wir einen markanten Punkt am Weg, den wir beschreiben und benennen: „Vor der nächsten Kurve ist auf der rechten Seite ein Baum mit einem weißen Stamm, das ist eine Birke, dort müssen alle Kinder warten ...“

Mit dieser scheinbar einfachen Beschreibung findet Sprachtraining vom Feinsten statt! Auch lernen sie spielerisch, rechts und links zu unterscheiden, sie lernen zu beobachten, sie lernen Bäume und Pflanzen zu erkennen und zu benennen, sie erweitern ihren Wortschatz und sie lernen Regelverhalten.

Dieses einfache Beispiel kann man auf unzählige andere Lebensbereiche übertragen. Ermuntere ich mein Kind, mir beim Kochen oder anderen häuslichen Verrichtungen zu helfen, während ich mein Tun kommentiere und wohldosiert erkläre, ohne dabei meinen kleinen Helfer mit einem Wortschwall zu überschütten, lernt es, Zusammenhänge zu begreifen, indem es erlebt, dass aus Mehl ein Kuchen werden kann, es vervollständigt seine Sprachkenntnisse und trainiert seine Feinmotorik beim Schneiden der Äpfel oder Karotten.

Beim Toben und Klettern im Garten lernt es, seine Motorik, seinen Körper zu beherrschen und einzuschätzen. Wie groß der Einfluss der Motorik, der Bewegung auf die Entwicklung des Gehirns und damit die Denk- und Lernfähigkeit ist, betonen mittlerweile immer mehr Ärzte, Pädagogen und Psychologen (siehe Kapitel 4: FERNSEHEN UND KINDER).

Welche Fähigkeiten beim freien, kreativen Spiel geschult werden, habe ich bereits im ersten Teil dieses Kapitels erwähnt.

So kann also Bildung in allen wichtigen Bereichen durchaus vielseitig, qualitativ hochwertig und vor allem ganzheitlich im Alltag und zu Hause vermittelt werden, ohne Drill und ohne Terminnot.

Mit Fremdsprachen ist es allerdings etwas schwieriger, sofern man es für unabdingbar hält, sein Kind schon im Vorschulalter damit zu konfrontieren. Fremdsprachen sind wichtig und werden es immer mehr. Auch die Tatsache, dass die Aufnahmefähigkeit der Kinder mit zunehmendem Alter nicht wächst, sondern abnimmt, ist nicht zu unterschätzen. Dennoch stellt sich hier die Frage, was langfristig einer gesunden Entwicklung meines Kindes zuträglicher ist: frühzeitiges Lernen auf Kosten der Kindheit – um es drastisch auszudrücken – oder eine unbeschwerte Kindheit, in der mein Kind Zeit und Muße hat, neben all den Fähigkeiten, die das freie Spielen mit sich bringt, auch noch Kräfte zu sammeln für das „harte" Leben.

Ein nettes Beispiel einer Familie sei hier erwähnt, die zum frühzeitigen Erlernen einer Fremdsprache sonntags ein „englisches Frühstück" eingeführt hat. So haben sogar die jüngsten Familienmitglieder (4 Jahre) ohne Druck, dafür aber mit viel Spaß gelernt, auf Englisch um die Marmelade oder die Butter zu bitten.

Gesunde Dosierung von Freizeit- und Bildungsangeboten

Hier soll es nicht darum gehen, jegliche Bildungs- und Freizeitangebote für Kinder im Kindergartenalter und darüber zu verteufeln. Wie in allen Lebensbereichen geht es um das gesunde Maß.

Für viele Kinder ist es gut und richtig, das eine oder andere Angebot wahrzunehmen.

So wirkten beispielsweise die Reitstunden für ein sehr ängstliches Kind aus meinem Kindergarten geradezu therapeutisch. Für ein musikalisches Kind kann der frühzeitige Besuch einer Musikschule durchaus nützlich sein. Besonders wilde und bewegungsfreudige Kinder sind beim Fußball oder anderen Sportarten gut aufgehoben, sofern sie nicht die Möglichkeit haben, in ihrer direkten Umgebung ihren Bewegungsdrang auszuleben.

Man muss Prioritäten setzen, um ein gesundes Maß zu halten zwischen Förderung und „Freizeitspaß" als auch entspannten Tagen ohne Termine, die dem so wichtigen Spiel, der Entspannung und nicht zuletzt einer gesunden, ungestörten Entwicklung dienen.

Eine gesunde Mischung aus Freiheit zu Eigeninitiative und sinnvollen Anregungen vonseiten der Erwachsenen ist das Ideal!

Fernsehen

Ein weiterer Aspekt der Frei-Zeit-Vertreibung sind die Medien, besonders der Fernseher. Allzu oft wird er als „Zeitvertreib", also um die so kostbare Zeit zu vertreiben, eingesetzt.

Abgesehen von der schädlichen Wirkung des Fernsehens auf die Entwicklung unserer Kinder (siehe Kapitel 4: FERNSEHEN UND KINDER) raubt er unseren Kindern die so wichtige Freizeit, durch deren sinnvolle Gestaltung wichtige Lern- und Entwicklungsprozesse stattfinden könnten.

Scheint es im Augenblick leichter und bequemer, die „Langeweile" per Knopfdruck zu beheben, müssen wir langfristig mit eher unzufriedenen und dadurch anstrengenderen Kindern rechnen.

Zurzeit findet in unserer Region ein Aktionsprogramm zum Thema „Suchtprävention" statt. Im Mittelpunkt des Programms steht der Fernsehkonsum. Neben Vorträgen und Aktionstagen haben die Teilnehmer die Möglichkeit, sich am Projekt „Fernsehfrei" zu beteiligen, indem sie sich verpflichten, einen festgelegten Zeitraum (ab 2 Wochen) ohne Fernsehen und Computerspiele einzuhalten. Die ersten Rückmeldungen sind durchweg positiv: Übereinstimmend berichten Familien über mehr Aktivitäten, „mehr Familie", mehr Harmonie und vor allem mehr Kommunikation! Besonders erfreulich war die Feststellung, wie viele Familien ohnehin längst einen sehr reduzierten, bewussten Fernsehkonsum praktizieren.

Der Erwachsene als Spielpartner

Viele Erwachsene, darunter auch – man sollte es nicht glauben – pädagogisch geschulte Erzieherinnen, machen sich zu Spielkameraden der Kinder. Meist in bestem Wissen und Gewissen! Natürlich ist es besser, einem Kind die „Langeweile zu vertreiben", indem man ein „kindliches" Spiel mit ihnen spielt, als den Fernseher anzuschalten oder ein unpersönliches Beschäftigungsprogramm ablaufen zu lassen. Dennoch ist der Erwachsene im kindlichen Spiel ein Störfaktor. Hier ist nicht die Rede von Regelspielen wie „Memory" oder „Mensch ärgere dich nicht", die an einem verregneten Nachmittag durchaus zu einem gemütlichen Familienevent werden können, sondern vom freien, selbstbestimmten Spiel. Macht sich hier der Erwachsene zum Spielpartner, nimmt er automatisch Einfluss auf den Spielverlauf und verhindert die freie Entfaltung der kindlichen inneren Bilder- und Ideenwelt.

Hat es ein Kind besonders schwer, ohne Anregung von außen in ein selbstbestimmtes Spiel zu finden, ist es natürlich sinnvoll, diesem Kind mit zurückhaltenden Anregungen auf die Sprünge zu helfen. In einem solchen Fall kann es durchaus nützlich sein, ein Spiel „anzuspielen", indem man sich zunächst auf ein Spiel einlässt, sich jedoch baldmöglichst wieder zurückzieht.

Will mich eines meiner Kindergartenkinder in der Puppenecke zu einem Spiel „verpflichten", schlage ich ihm z. B. vor, mich „zum Kaffee" einzuladen, den restlichen Spielverlauf muss es dann ohne meine Unterstützung gestalten.

Hat Ihr Kind es schwer, alleine zu spielen, knüpfen Sie Kontakte für Ihr Kind, laden Sie Nachbarskinder oder Kindergartenkameraden ein. Nicht jedes Kind ist gleichermaßen in der Lage, die notwendigen sozialen Kontakte selbstständig zu knüpfen, und zu zweit spielt es sich viel leichter!

Viele Kinder haben eine reiche innere Bilderwelt und können Stunden damit zubringen, tief versunken mit sich selbst zu spielen. Das ist eine wunderbare Fähigkeit, die dem Kind nicht nur ermöglicht, die Alltagserlebnisse aufzuarbeiten, sondern auch von großer Konzentrationsfähigkeit und einer reichen Fantasie zeugt.

Eine Kindergartenmutter sprach mich einmal besorgt an, ihr Kind würde in der Badewanne sämtliche Shampooflaschen, Duschgel und andere verfügbaren Badeutensilien zu Spielpartnern machen, mit ihnen sprechen und Rollenspiele kreieren. Ob das wohl bedenklich sei? Ich konnte sie beruhigen mit dem Argument, dass sie froh über diese besondere Kreativität ihres Kindes sein könne.

Nun soll aber nicht der Eindruck entstehen, dass jegliche Beschäftigungsangebote vonseiten der Erwachsenen eine schädliche, unpädagogische Angelegenheit wären!

Es geht – wie immer – um das angemessene Maß und um die gesunde Mischung. Ein „Zu viel" ist ebenso ungut wie ein „Zu wenig"!

Wie schön und bereichernd für die Kinder und die ganze Familie kann ein stimmungsvoller Bastelnachmittag in der Adventszeit sein!

Wie froh und lustig das gemeinsame Ostereierfärben im Frühling!

Gemeinsame Ausflüge, Märchenstunden oder einfach nur die alltäglichen Gespräche sind ein wichtiger Bestandteil der Kindheit.

Animation im Urlaub

Der Urlaub ist für viele Familien die schönste Zeit des Jahres. Endlich haben gestresste Familienväter und von Doppelbelastung geplagte Mütter Zeit. Zeit, sich zu entspannen, Zeit für die Familie und vor allem Zeit für die Kinder.

Dennoch verbringen immer mehr Familien diese schönste Zeit des Jahres in mehr oder weniger luxuriösen Ferienclubs, in denen wiederum jede freie Minute mit einem gut durchdachten Animationsprogramm verplant ist, ein Terminkalender also, der sich an Fülle kaum unterscheidet von dem im Alltag.

Frage ich am Ende der Sommerferien meine Kindergartenkinder nach den schönsten Ferienerlebnissen, sind deren Antworten höchst interessant:

Die Kinder, die die Ferien in einem Clubhotel mit Animation verbracht haben, sind meist schnell fertig mit ihrem Bericht. Übereinstimmend erzählen sie beispielsweise von überladenen Buffetts, an denen man alles essen konnte, was einem schmeckte, oder von der Kinderdisko. Als Höhepunkt können sie dann den neuesten Kinderhit zum Besten geben. Ob Türkei, Spanien oder Karibik, die Berichte ähneln einander, als hätten alle den gleichen Ort, das gleiche Hotel besucht.

Die Berichte aus den „nicht animierten" Ferien sind nicht nur vielseitiger und origineller, sondern meist wesentlich begeisterter! Hier erzählen die Kinder mit glänzenden Augen von hohen Bergen, von Muscheln, die sie am Strand gesammelt haben, vom Angeln mit dem Vater, von der Radtour mit der ganzen Familie, von seltenen Tieren und Pflanzen u.v.m.

Am schönsten ist jedoch immer wieder der Bericht von einer Kindergruppe, deren Familien seit Jahren ihre Ferien gemeinsam an einem kaum 10 km entfernten kleinen See verbringen. Schon die Wanderung dorthin mit Sack und Pack scheint ein Abenteuer zu sein! Im Zelt zu schlafen, am Feuer zu kochen,

Badespaß und Geschichten am Lagerfeuer. Der Bericht dieses einfachsten Urlaubs ist immer der ausführlichste, originellste und lustigste! Unter größtem Gelächter erinnern sich die Kinder an Einzelheiten, wie der Vater aus dem Schlauchboot gefallen ist, an den Kochtopf, der samt Inhalt ins Feuer purzelte, oder an das nächtliche ohrenbetäubende Froschkonzert.

Was nehmen die Kinder mit ins Leben von diesen Erlebnissen? Wie reich sind die Erinnerungen der Kinder vom See im Vergleich derer aus dem Ferienclub?

Hier wird auch deutlich, wie wenig es braucht, um Kinder glücklich zu machen! Nicht die Daueranimation, nicht die Fernreisen in immer neue Länder, nicht die Abwechslung oder die Masse der Eindrücke zählt, sondern das einfachste Erlebnis, das bescheidene Ferienziel und besonders die Wiederholung! Wie groß ist die Freude der Kinder, wieder an den Ort zu kommen, an den sie sich erinnern, mit dem sie schöne Erlebnisse verbinden!

3.2.2 Langeweile

Langeweile ist in unserem heutigen Sprachgebrauch zu einem negativen Begriff verkommen. Kommt Langeweile auf, bemühen wir uns, diese so rasch wie möglich zu vertreiben.

Was bedeutet aber Langeweile überhaupt? Gehen wir dieser Frage nach, werden wir zu erstaunlichen Antworten gelangen:

- Lange Weile (eine lange Weile)
- Freie, beschäftigungslose Zeit
- Leere
- Freiraum
- Kein Druck
- Kein Stress
- Ruhe
- Pause

Betrachten wir Langeweile unter diesen Aspekten, kann sie zur schöpferischen Pause werden, in der ein Kind aktiv und kreativ wird, selbstständig denken und handeln lernt.

„Mir ist langweilig" – welche Mutter oder ErzieherIn kennt diesen Ausspruch nicht? Vermeiden wir jedoch, das Kind in einem solchen Moment mit vielen, gut gemeinten Beschäftigungsangeboten zu überschütten und abzulenken, muss es zwangsläufig selbst aktiv werden.

Durch den selbstständigen Umgang mit der eigenen Langeweile werden Prozesse in Gang gesetzt, die sowohl den Geist, die Seele als auch den Körper unserer Kinder beleben und bereichern.

Kinder, die es gewohnt sind, ihre „Langeweile" selbst zu gestalten, haben meist eine reiche innere Bilderwelt, sind kreativ und aktiv und leiden selten an Ideenmangel zur Gestaltung ihrer Frei-Zeit.

Nehmen wir unseren Kindern diese Möglichkeit, indem wir in bester Absicht jegliche Form der Langeweile vermeiden, verhindern wir diese, für die Entwicklung der Kinder und das ganze weitere Leben so wichtigen Prozesse.

In meiner Kindergartenarbeit kann ich immer wieder beobachten, dass gerade die Kinder besonders schwer in ein selbstbestimmtes Spiel finden, deren Eltern für ein lückenloses Beschäftigungsprogramm sorgen, sei es im Rahmen von vielfältigen Freizeit- und Bildungsangeboten oder im häuslichen Familienleben. Sie klagen oft über Langeweile und erwarten vom Erwachsenen Beschäftigungsangebote.

Nicht alle Kinder sind gleichermaßen aktiv und fantasiebegabt. Manche fordern geradezu eine Dauerbeschäftigung. Für sie ist es jedoch umso wichtiger zu lernen, selbst aktiv zu werden. Hier muss der Erwachsene anregen und begleiten, ohne sich zum Animateur zu machen.

Ein tätiges Vorbild wirkt auf alle Kinder aktivierend!

Nehmen wir gerade den Kindern, denen es schwerfällt, selbst aktiv zu werden, alleine in ein Spiel zu finden, die „Mühe" ab, legen wir deren Eigeninitiative endgültig lahm. Sie werden immer mehr auf unsere Beschäftigungsangebote angewiesen sein und dennoch immer unzufriedener werden. Ganz abgesehen von den Folgen im weiteren Verlauf seiner Entwicklung.

Die gleiche Beobachtung in noch stärkerem Maß kann man übrigens bei Kindern machen, die viel Zeit vor dem Fernseher verbringen und somit ohnehin selbst nicht aktiv sein müssen.

Märchen

Eine reiche innere Bilderwelt, die dem kindlichen, fantasievollen Spiel zugrunde liegt, muss zunächst geschaffen werden, bevor sie dem Kind als inspirierende Grundlage zur Verfügung steht. Sie entsteht z. B. durch vielfältige Sinneswahrnehmungen, die besonders durch Naturerlebnisse hervorgerufen werden, oder auch durch Märchen und Geschichten. Besonders geeignet sind die klassischen Märchen der Gebrüder Grimm. Erzähle ich meinem Kind ein Märchen, ohne dies mit fertigen Bildern aus einem Bilderbuch oder gar einem Film zu untermalen, entstehen im Inneren des Kindes Bilder, die seine Seele bereichern. Sein Geist wird aktiv, indem seine Vorstellungskraft diese inneren Bilder erzeugt, die zu einem inneren Reichtum anwachsen, aus dem das Kind später schöpfen kann.

Mit vorgefertigten Bildern aus Büchern oder Filmen, unabhängig davon, ob diese gut oder schlecht sind, verhindere ich diesen schöpferischen Akt des Kindes.

Besonders die Märchen der Gebrüder Grimm haben darüber hinaus noch eine bemerkenswerte, geradezu therapeutische Wirkung auf die kindliche Entwicklung! Erzähle oder lese ich meinem Kind häufig verschiedene Märchen vor, so wird es mit der Zeit sein Lieblingsmärchen finden, das es immer wieder hören möchte. Dieses vom Kind bevorzugte Märchen trifft in der Regel auf ein inneres Bedürfnis, eine Charakterstruktur, ein Problem, benennt und thematisiert dies über den Umweg des Unterbewusstseins und wirkt dadurch heilend auf die Seele des Kindes.

So konnten wir einem offenbar gestörten Kind aus unserem Kindergarten mit einem einzigen Märchen so helfen, dass seine scheinbaren Störungen sich aufgelöst haben. Dieses Kind litt unter größten Ängsten, hatte ein zutiefst verunsichertes Selbstbewusstsein und wirkte darüber hinaus außerstande, die einfachsten Lerninhalte zu begreifen oder umzusetzen. Kinderarzt und Kindertherapeut legten der Mutter nahe, ihr Kind in eine Sondereinrichtung zu stecken. Nachdem wir die verzweifelte und verunsicherte Mutter ermutigt hatten, ihr Kind doch bei uns im „normalen" Kindergarten zu belassen, begannen wir das Kind mit Märchen zu „heilen". Dafür wählten wir gezielt eines der sogenannten Entwicklungsmärchen der Gebrüder Grimm. In diesen Entwicklungsmärchen ist der Held der „Dummling". Der Dummling gewinnt am Ende immer die Prinzessin, während seine starken, klugen und oft überheblichen Brüder leer ausgehen. Über Monate hin lasen wir also „Die drei Federn" – und immer, wenn der Dummling in Aktion trat, begannen die Augen unseres Schützlings zu leuchten. Er wurde es nicht müde, diese Geschichte wieder und wieder zu hören. Nach ca. einem halben Jahr begann er von sich aus, an Beschäftigungen teilzunehmen, denen er sich bis dahin ängstlich entzogen hatte, aus Angst zu versagen. Seine Erfolge machten ihn bald mutiger. Seine scheinbare Dummheit und Unzulänglichkeit beruhte lediglich auf seinen großen Versagensängsten, die er mithilfe dieses einen Märchens weitgehend abbauen konnte. Er wurde mit seinen Altersgenossen eingeschult und überstand – nicht gerade als Überflieger, aber ohne Ehrenrunde – die Grundschulzeit!

Um eine solche Wirkung mithilfe der Märchen erzielen zu können, ist es wichtig, diese weder mit Bildern noch mit Erklärungen zu ergänzen. Märchen und ihre Bilder wirken im Unterbewusstsein des Kindes. Nehme ich mit meinem „Erwachsenenverstand" Einfluss auf diesen Prozess, indem ich ein Märchen interpretiere, um es dem Kind in wohlmeinender Absicht verständlicher zu machen, zerstöre ich die heilsame Wirkung, weil ich den unbewussten Prozess ins Bewusstsein des Kindes hebe. Nur Fragen, die die Kinder von sich aus stellen, müssen natürlich beantwortet werden.

In diesem Sinne möchte ich den Unterschied zwischen einem eher lähmenden und sinnlosen, wenn auch gut gemeinten „Zeitvertreib" und einer sinnvollen, die Fantasie und innere Bilderwelt des Kindes anregende Frei-Zeit-Gestaltung hervorheben.

Hier sei nochmals erwähnt, dass es nicht darum geht, jegliche Art der Beschäftigung zu verteufeln und das Kind möglichst sich selbst zu überlassen, um dessen Geist zu Aktivität anzuregen. Es soll vielmehr darum gehen, die Art der Anregungen und Beschäftigungen zu überprüfen auf ihren pädagogischen Sinn und Einfluss auf die seelische, geistige und körperliche Entwicklung unserer Kinder. Alle Beschäftigungen, die die Fantasie, die Schaffenskraft und die Kommunikation anregen, sind gut!

Rollenspiel

Spielen mehrere Kinder zusammen, ergibt sich meist ein Rollenspiel. Ob in der Puppenecke oder im Sandkasten, Sätze wie:
*   „Du wärst der Papa ... ich wär' die Mama ..."
*   „Du tätest jetzt kochen ... ich würde das Auto reparieren ..."
begleiten den Spielverlauf.
Das Rollenspiel hat neben der bereits erwähnten Bedeutung des freien Spiels noch eine ganz besonders wichtige Funktion: Im Rollenspiel verarbeiten Kinder Erlebnisse des Alltags. Auf diese Weise können sie auch bis zu einem gewissen Grad belastende Erlebnisse und Probleme verarbeiten, für die sie ansonsten kein Ventil hätten. So hat das Rollenspiel sogar eine therapeutische Wirkung!

Der tätige Erwachsene als anregendes Vorbild

Die beste Anregung der kindlichen Schaffenskraft ist das tätige Vorbild des Erwachsenen.
Sind Mutter oder Vater bei all ihren häuslichen oder handwerklichen Verrichtungen, ihren Beschäftigungen auch innerlich anwesend, d. h. ansprechbar für das Kind und bei Bedarf

bereit, ihre Beschäftigung zu unterbrechen, um den Bedürfnissen des Kindes gerecht zu werden, so ist ihm am ehesten gedient. Hat es doch so die Freiheit, in ein selbstbestimmtes Spiel zu finden oder einfach nur vor sich hinzuträumen oder aber sich der Tätigkeit der Eltern anzuschließen. Das Vorbild des tätigen Erwachsenen wirkt anregend, sowohl zur Nachahmung als auch zu eigener Aktivität.

Oft kommen Mütter oder Väter zu uns in den Kindergarten, um mit oder für die Kinder etwas herzustellen. Sie nähen Puppen für die Puppenecke, basteln Frühlingskränze für Ostern, schreinern Zäune für unseren Bauernhof u.v.m. Immer wenn eine solche Aktion im Kindergarten stattfindet, herrscht eine geschäftige Stimmung im ganzen Haus. Ob die Kinder teilnehmen oder „nur" zuschauen können, alle finden früher oder später zu eigener Aktivität. So sehr wirkt das schaffende Vorbild des Erwachsenen motivierend und aktivierend auf die Kinder.

Wenn ich im Herbst beginne, das Laub im Garten zusammenzurechen, bin ich bald umringt von einer eifrigen Kinderschar, die mir mit Schubkarren und kleinen Laubrechen zu Hilfe eilen. Meine Tätigkeit weckt ihren Tatendrang. Sie schaffen „spielend" und sind dabei offensichtlich glücklich!

Prävention

Der heranwachsende Mensch, der in jungen Jahren eine reiche innere Bilderwelt angelegt hat, der gelernt hat, Fantasie zu entwickeln und aus eigener Kraft aktiv zu werden, wird die schwierigen Phasen des Heranwachsens mit diesem Potential an Fähigkeiten leichter bewältigen. Er wird die innere Leere, die innere Zerrissenheit, die das Vakuum zwischen Kindheit und Erwachsenwerden in der Pubertät mit sich bringt, füllen können mit dem Reichtum der inneren Bilderwelt, die er in der Kindheit angelegt hat. Er wird diese oft schmerzhafte Leere aus eigener Kraft füllen können mit Ideen und Aktivitäten.

Hat er dies nicht gelernt, wird er den Gefahren, denen der Jugendliche in unserer Gesellschaft ausgesetzt ist, schwerlich etwas entgegenzusetzen haben.

Die Pubertät ist eine Phase der Ablösung von den bisher geltenden und gleichermaßen schützenden Werten und Regeln der Kindheit. Für viele Kinder ist dieser Prozess ein schmerzhafter, verlassen sie doch nun die Sicherheit und Geborgenheit der engen Rahmenbedingungen der Kindheit.

In seiner dadurch bedingten Orientierungslosigkeit läuft der Jugendliche Gefahr, zu Verlockungen wie Alkohol oder gar Drogen zur Verdrängung der inneren Haltlosigkeit und Leere Zuflucht zu suchen. Auch verkennt man leicht die vermeintliche Geborgenheit in Gruppierungen von Gleichgesinnten, gern älteren Leidensgenossen, deren Abenteuerlust nicht immer der eigenen Entwicklung zuträglich ist.

Hat das Kind jedoch gelernt, aus seinem inneren Reichtum zu schöpfen, mit Fantasie und Eigeninitiative die innere Leere zu füllen, hat es derartige Ablenkungsmanöver in der Pubertät nicht nötig. Es wird sich Gleichgesinnte suchen, mit denen es in weit zuträglicher Weise die Hürden des Heranwachsens meistern kann. Das heißt natürlich nicht, dass diese Kinder immer brav und problemlos groß werden. Auch sie werden eine Menge Unfug im Kopf haben und mit ihrer Abenteuerlust die Erwachsenen das Fürchten lehren! Sie werden aber wach und stark genug sein, zu unterscheiden zwischen guten und schlechten Abenteuern.

3.3 ERZIEHUNGSTIPPS

Kinder können nicht selbst entscheiden!

Ob beim Essen oder im Spielzeugladen oder beim Auswählen der Kleider: Kinder im Kindergartenalter sind überfordert mit derartigen Entscheidungen! Entscheiden Sie, was Ihr Kind braucht! Je mehr Sie Ihr Kind fragen, ob es lieber Marmelade oder Käse aufs Frühstücksbrot will, ob die rote oder grüne Hose heute angezogen wird, ob man lieber Gummibärchen oder Schokolade kaufen sollte usw., desto mehr wird Ihr Kind verunsichert. Kinder bauen vertrauensvoll auf das Wissen des Erwachsenen um seine Bedürfnisse! Mit jeder Frage signalisiere ich in subtiler Weise meinem Kind, dass ich selbst nicht entscheiden kann, seine Bedürfnisse nicht kenne, also: letztendlich zu schwach bin, es zu leiten und zu beschützen!

Konflikte vermeiden durch vorbeugen

Gehen Sie, wenn möglich, ohne Ihre Kinder einkaufen, so ersparen Sie sich die Konflikte am Süßigkeitenregal an der Kasse. Sind Sie selbst entschieden und klar, begreifen die Kinder schnell, dass sich Theater an der Kasse nicht lohnt. Das gilt in allen Lebensbereichen!

Je geringer die Auswahl auf dem Frühstückstisch, im Kleiderschrank oder im Spielzeugregal ist, desto einfacher sind die Entscheidungen für Sie und Ihr Kind.

Qualitätsurteil

Haben Sie den Mut, Ihrem Kind gegenüber ein eindeutiges Qualitätsurteil abzugeben! Wenn Sie dem Wunsch Ihres Kindes nach einem schlechten oder hässlichen Gegenstand nicht nachkommen wollen, erfinden Sie keine Ausreden. Mit Ehrlichkeit helfen Sie Ihrem Kind, eigene Qualitätsmaßstäbe zu entwickeln.

Sie sind immer Vorbild!

Kinder lernen durch Nachahmung, daher kommt Ihrem Vorbild größte Bedeutung zu!

Geben Sie selbst gerne Geld aus für Dinge, die nicht unbedingt nützlich sind, wird es schwer sein, dem Kind Genügsamkeit anzuerziehen.

Sind Sie immer in irgendeiner Weise tätig, wirkt dies anregend auf Ihr Kind, das Ihr tätiges Vorbild nachahmen wird.

Hat Ihr Kind es schwer, zu eigener Aktivität zu finden, beziehen Sie es in Ihre alltäglichen Verrichtungen ein. Durch die häuslichen Tätigkeiten wie kochen, waschen, putzen, Gartenarbeit usw. bereichern Sie die Ideenwelt der Kinder, die wiederum zu eigenen Spielen anregen.

Langeweile als schöpferische Pause

Versuchen Sie der „Langeweile" eine positive Bedeutung zu geben, sodass sich die Notwendigkeit erübrigt, Leerlauf mit sofortigen Beschäftigungsangeboten zu füllen. Lassen Sie Ihrem Kind Zeit, von selbst in eine Beschäftigung zu finden, auch wenn es dabei etwas nörgelt. Beschränken Sie sich auf eine zurückhaltend beratende Funktion!

Bewegung und frische Luft

Sind die Kinder unzufrieden oder gar unausstehlich, machen Sie einen Spaziergang, am besten bei Wind und Wetter! Bewegung in frischer Luft wirkt beruhigend, anregend und heilsam.
Ein Dauerlauf in strömendem Regen hat bei meinen drei streitlustigen Töchtern immer wieder Wunder bewirkt. Selbst auf mich wasserscheuen Stubenhocker hatte ein solcher Regenmarsch eine heilsame Wirkung!
Ist die Mutter gereizt, sind von den Kindern kaum gute Laune und Gleichmut zu erwarten!

Ordnung im Kinderzimmer

kann ein Dauerstreitpunkt sein. Ein überfülltes Kinderzimmer in Ordnung zu halten, ist für ein Kind nicht zu bewältigen. Zu große Spielzeugauswahl kann ein Kind so verwirren, dass es aus lauter Verzweiflung alles ausräumt und gleichmäßig auf dem Boden verteilt. Das ist keine böse Absicht! Bestrafen Sie Ihr überfordertes Kind nicht für eine derartige Verzweiflungstat, sondern denken Sie darüber nach, ob Sie der Not des Kindes nicht Abhilfe schaffen können durch radikale Reduzierung der Materialfülle im Kinderzimmer. Dies sollte allerdings nicht im Beisein des Kindes geschehen! Wie schon erwähnt, wird das Kind mit der Entscheidung über die Entbehrlichkeit jedes einzelnen Spielzeugs vollkommen überfordert sein. Sind die

Regale weitgehend leer, wird sich herausstellen, welche Dinge Ihr Kind wirklich vermisst.

Sinnvolle Geschenke

Nehmen Sie Einfluss auf die Großzügigkeit Ihrer Familie und Freunde.

Es wird niemand beleidigt sein, wenn Sie zum Wohle Ihrer Kinder sowohl auf die Art als auch die Menge der Geschenke Einfluss nehmen wollen. Eine gute Methode ist immer das Gemeinschaftsgeschenk. Steht eine größere Anschaffung für das Kind an (Fahrrad, Schreibtisch, Skiausrüstung ...), bitten Sie schenkwillige Freunde und Verwandte um einen Beitrag zu dieser Anschaffung. So können Sie zwei Fliegen mit einer Klappe schlagen: Sie behalten die Kontrolle über Qualität und Menge der Geschenke und ersparen der Familie die leidige Suche nach Geschenkideen.

Ich selbst bin sehr hartherzig und unerbittlich mit der Großzügigkeit meiner Familie umgegangen. Sie wussten mit der Zeit, dass ihre Geschenke einer harten Zensur unterzogen werden, bevor sie meine Kinder erreichten. Unerwünschte Dinge habe ich zurückgeschickt oder entsorgt. Nach anfänglichem Unverständnis änderte sich das Schenkverhalten dahingehend, dass ich bald vertrauen konnte auf den untrüglich guten Geschmack der edlen Spender!

4. FERNSEHEN UND KINDER

4.1 FERNSEHEN ALS BESTANDTEIL UN-SERES LEBENS

Diese Schrift soll keine wissenschaftliche Abhandlung sein über die Wirkung des Fernsehens auf Körper, Seele und Geist unserer Kinder. Sie soll lediglich dazu dienen, unseren gesunden Menschenverstand zu aktivieren, um den Einfluss der Medien, insbesondere des Fernsehens, auf die Entwicklung unserer Kinder selbst zu beurteilen und zu steuern. Oft ist uns dieser gesunde Menschenverstand bereits abhanden gekommen, nicht zuletzt durch die Medien selbst!

Macht man sich als verantwortungsbewusste Eltern auf die Suche nach Literatur über Sinn oder Unsinn des Fernsehens für Kinder, über einen pädagogisch vertretbaren Umgang mit den Medien, über brauchbare Richtlinien zur objektiven, kindgerechten Beurteilung von Kindersendungen, so wird man feststellen, dass sich die Erkenntnisse über die Wirkung des Fernsehens auf die Entwicklung unserer Kinder in den letzten 30 Jahren kaum geändert haben. Grundlegend geändert hat sich hingegen der Stellenwert, den das Fernsehen in unserer Gesellschaft und in unserem Bewusstsein einnimmt und damit die Einstellung und die Herangehensweise an die Problematik dieses Mediums.

So stellte sich in den 70er-Jahren durchaus noch die Frage, *ob*, in Anbetracht der gravierend schädlichen Einflüsse auf die geistige, seelische und körperliche Entwicklung der Kinder, deren Fernsehkonsum überhaupt vertretbar sei, während man heute nur noch darüber nachdenkt, *wie* kindlicher Fernsehkonsum zu gestalten sei, ohne allzu großen Schaden anzurichten.

Ist das Medium Fernsehen heute zur heiligen Kuh geworden, die zu schlachten inzwischen als Sakrileg gilt, trotz der nach wie vor alarmierenden Erkenntnisse über dessen schädliche Wirkung – nicht nur auf unsere Kinder?

Die Aussage des Programmdirektors des deutschen Fernsehens und Fernsehdirektors des Bayrischen Rundfunks, Dr. C. Münster, aus dem Jahre 1973: „Es ist ein pädagogischer Irrsinn, Kinder unter 8 oder auch 10 Jahren vor den Bildschirm zu setzen ...!" wäre heute, im Jahre 2010, undenkbar! Heute spricht man in Fachkreisen von „Filmlesefähigkeit", die den Kindern frühzeitig antrainiert werden solle, damit sie die Vielfalt des Fernsehprogramms besser verstehen und besser aushalten lernen. Ungeachtet der Tatsache, dass das Fernsehprogramm, besonders das Kinderprogramm, im Gegensatz zu früher ausgesprochen schwierig, brutal, beängstigend, abstrakt, in fast jeder Hinsicht unkindlicher – unpädagogischer – geworden ist!

Medienpädagogen, Ärzte und Psychologen beschränken sich heute weitgehend nur noch auf methodische Empfehlungen an Eltern, um den Schaden zu hohen Fernsehkonsums in Grenzen zu halten.

Die Einzigen, die aus dieser Kehrtwende der vergangenen 30 Jahre einen Nutzen ziehen, sind die Fernsehanstalten, deren Einschaltquoten nicht bedroht werden durch die zurückhaltenden Beurteilungen der Medienpädagogen für einen „verträglichen" Umgang mit dem Fernsehen.

Man stelle sich einmal vor, wir würden unsere Kinder – am besten schon in der Wiege – eine „verträgliche" Dosis Kohlenmonoxid inhalieren lassen, damit sie später abgehärtet sind gegen den unvermeidlichen Smog, die steigende Luftverschmutzung, die wir selbstverständlich als angemessenen Preis für unser wohlstandsteigerndes Wirtschaftswachstum hinnehmen.

Das ist natürlich ein sehr drastischer Vergleich! Dennoch sind gewisse Parallelen nicht zu leugnen.

Nicht anders verhält es sich mit der Beurteilung sowie der Altersempfehlung von Kindersendungen. So wird man nach einer objektiven, wirklich kindgerechten Beurteilung aktueller Kindersendungen suchen müssen, während man in Broschüren, die u. a. von den Fernsehanstalten selbst herausgegeben werden und überall leicht erhältlich sind („Flimmo"), nur sehr subjektive Beurteilungen findet. Die Urteilskriterien dieser Ratgeber sollen offenbar in erster Linie den Einschaltquoten der Sendeanstalten dienen, nicht aber dem Wohlbefinden der Kinder!

Dennoch soll in dieser Schrift das Fernsehen für Kinder nicht ausschließlich verteufelt werden! Auch wenn von einem „gesunden" Fernsehkonsum nicht die Rede sein kann, ist der Fernseher aus unserer Gesellschaft heute nicht mehr wegzudenken. So müssen auch wir nach Wegen suchen, die uns wenigstens einen „verträglichen" Umgang mit dem Medium Fernsehen ermöglichen, der einer unbeschwerten und gesunden geistigen, seelischen und körperlichen Entwicklung unserer Kinder nicht im Wege steht.

4.1.1 Die Macht des Fernsehens

Haben wir Macht über den Fernseher oder hat dieser Macht über uns? Meist hat der Fernseher uns längst die Macht unbemerkt aus den Händen und aus unserem Bewusstsein genommen. Wie und wann dies geschehen ist, entzieht sich in der Regel unserer Wahrnehmung. So bestimmt der Fernseher immer mehr unser Familienleben, unsere Freizeitgestaltung, unsere Meinung, das Spiel unserer Kinder, bis er am Ende Macht über unser ganzes Leben hat, ohne dass wir es bemerken.

Natürlich ist der Fernseher ein angenehmer Zeitgenosse, der es uns und unseren Kindern leicht macht, uns ohne große Anstrengung zu beschäftigen. Es ist entspannend, den Alltagsstress vor dem Fernseher abzubauen oder wenigstens zu vergessen. Es ist angenehm, sich in die „heile Welt" der Illusionen zu flüchten.

Raffiniertes Fernsehprogramm

Sieht man sich einmal kritisch das Fernsehprogramm an, kommt man nicht umhin, festzustellen, dass Qualität offenbar nicht die begehrten Einschaltquoten steigert.

Vor allem Produzenten von Kindersendungen bedienen sich psychologischer Erkenntnisse, um in ihren Filmen und Serien Instinkte und Bedürfnisse der Kinder zu wecken und vermeintlich zu befriedigen. Besonders Serien, bei denen sich Kinder gefühlsmäßig mit den Figuren verbinden, sind ein raffinierter Einfall, Kinder langfristig bei der Stange zu halten und so die gewünschten Einschaltquoten zu sichern. Die Illusion einer heilen Welt, die den Kindern in vielen Filmen vorgegaukelt wird, zieht vor allem die Kinder an, die selbst in schwierigen Verhältnissen leben, ohne dass diese Illusionen ihnen helfen, ihr schwieriges Leben zu meistern. Filme, die Gewalt und Kampf als Weg zum Erfolg anbieten, mit starken Helden als Gewinner, sprechen besonders die Kinder an, die eine latente Gewaltbereitschaft in ihrem Charakter oder in ihrer Umwelt erleben, oder besonders Schwache, die von Kraft und Stärke träumen. So bieten die Filmemacher für jedes kindliche Bedürfnis und jede Not Pseudolösungen an, die den Kindern kurzzeitige Flucht aus dem Alltag, vermeintliche Linderung ihrer Not, nicht aber echte Problemlösung ermöglichen.

4.1.2 Wirkung des Fernsehens auf die Entwicklung des Kindes

Was passiert vor dem Fernseher?

Betrachten wir, als unvoreingenommene Beobachter, Kinder vor dem Fernseher, welch ein absurdes Bild würde sich uns bieten! Wir sähen Kinder, die bewegungslos auf einen Punkt im Raum starren, mit aufgerissenen Augen und geradezu hypnotisiertem Gesichtsausdruck, Angst, Freude, Spannung in fliegendem Wechsel in ihrer Mimik. Wüssten wir nichts vom Medium Fernsehen, käme uns wohl der Gedanke an Geisterbeschwörung, Hexenkult oder sonstige okkultistische Absonderlichkeiten. Eine absurde Vorstellung! Ist es doch das normalste von der Welt, dieses bewegungslose, gebannte Starren auf den Flimmerkasten. Dennoch gibt es nichts Unnatürlicheres für ein gesundes, fröhliches, von natürlichem Bewegungsdrang geleitetes Kind.

Ganz abgesehen davon, ob eine Kindersendung schädlich oder harmlos, gut oder schlecht ist.

Bewegung und die Entwicklung des Gehirns

Zwischen Bewegung und der Entwicklung des Gehirns besteht ein unmittelbarer Zusammenhang. Bereits durch die ersten, noch unbeholfenen Bewegungsabläufe, wie z. B. das Krabbeln, später das Laufen oder die Koordinierung von Auge und Hand beim ersten Versuch zu greifen bis hin zum selbstständigen Essen oder Anziehen, finden im Gehirn Verknüpfungen der Synapsen statt, ohne die der Mensch später nicht in der Lage wäre zu denken, zu lernen, zu handeln, Zusammenhänge zu erfassen.

Sind diese Bewegungsabläufe mit der ständigen Wiederholung und Übung automatisiert, ist die entsprechende Verknüpfung, also dieser bestimmte Entwicklungsvorgang im Gehirn abgeschlossen. Sieht das gesund entwickelte Kind im entsprechenden Alter nun eine Treppe vor sich, bewegen sich die Beine automatisch, um diese Treppe sicher zu erklimmen. Dieser Impuls geht vom Gehirn aus, das die Bewegungen immer zuverlässiger koordiniert.

Neben der Kinästhetik (Automatisierung der Bewegungsabläufe) ist die Verbindung der beiden Gehirnhälften ein wichtiger Entwicklungsprozess, der ebenfalls durch entsprechende Bewegungen in Gang gesetzt wird. Beobachtet man zwei- oder dreijährige Kinder bei bestimmten Tätigkeiten, wird man feststellen, dass sie nicht in der Lage sind, mit flüssigen Bewegungen die Körpermitte zu kreuzen. Lassen Sie Ihr Kind z. B. mit einer Handmühle Getreide oder Nüsse für den Kuchen malen. Zunächst wird es die malende Hand wechseln, sobald sie die

Körpermitte erreicht. Später (im 5./6. Lebensjahr) ist es dann in der Lage, mit einer Hand oder auch mit beiden gleichzeitig die Körpermitte zu kreuzen. Es gibt eine Unzahl von Spielen und Tätigkeiten, um diesen Prozess zu unterstützen und zu vertiefen.

Ein Kind, das sich viel bewegt, wird am Ende „klüger" sein als dasjenige, das zum Stillsitzen verurteilt ist, selbst wenn ich ihm vielseitige theoretische Lerninhalte biete.

Inzwischen gibt es die ersten Erkenntnisse zum Vergleich der schulischen Leistungen von Kindern, die im Waldkindergarten groß geworden sind, und denjenigen, die mit vielseitigen kognitiven Beschäftigungen und Vorschultraining im normalen Kindergarten gefördert wurden. Die Kinder aus den Waldkindergärten schneiden wider Erwarten nicht schlechter ab, oft sogar besser! Obwohl sie statt gezielter kognitiver Förderung „nur" Bewegung, Naturerfahrung, Wetterfestigkeit, Sozialverhalten usw. gelernt haben!

Verharren die Kinder nun bewegungslos vor dem Fernseher, werden bei zu großem Fernsehkonsum entsprechende Entwicklungen verzögert oder gar verhindert! Dazu kommt die Tatsache, dass ein Kind nicht nur bewegungslos vor dem Flimmerkasten sitzt, sondern gleichzeitig mit Bewegungsimpulsen durch die Fernsehinhalte zu Bewegung animiert wird, die wiederum gleichzeitig gehemmt und blockiert werden. Hier entsteht neben der Bewegungslosigkeit zusätzlich ein Bewegungsstau, der abgesehen von steigender Unzufriedenheit und Aggressivität unter Umständen Fehlentwicklungen im Gehirn bewirken kann!

Fantasie – eine nützliche Fähigkeit zur Bewältigung des Alltags

Fantasie ist nicht nur eine Fähigkeit, die Kindern oder Künstlern vorbehalten ist, wie man oft annimmt. Fantasie ist eine Fähigkeit, die geradezu notwendig ist zur Gestaltung und Bewältigung des ganzen Lebens!

Einem fantasiebegabten Menschen wird es nicht schwerfallen, konstruktiv mit Problemen und Konflikten in seinem Leben umzugehen. Er wird Auswege finden in Notsituationen. Er wird Ideen haben in seiner Berufswahl und eine Menge verschiedener Möglichkeiten im oft schwierigen Umgang mit Kollegen, Vorgesetzten, Freunden und Partnern.

Der heranwachsende fantasiebegabte Mensch wird die schwierigen, oft gefährlichen Klippen der Pubertät leichter umschiffen als ein fantasieloser Jugendlicher, der den Anfechtungen der modernen Welt, wie Sucht, Jugendkriminalität, Orientierungslosigkeit, weit mehr ausgeliefert sein wird.

In der Pubertät befinden sich die Jugendlichen in einem Vakuum, das viele von ihnen geradezu schmerzhaft erleben. Sind sie doch aus dem Schutz der Kindheit herausgetreten, ohne die Souveränität, die Erfahrung, die Sicherheit der Erwachsenenwelt zu besitzen, gegen die sie sich ja gerade auflehnen. Diese innere Zerrissenheit und Leere zu füllen, ist schwierig. Hat ein Mensch aber in der Kindheit eine reiche innere Bilderwelt aufgebaut, eine reiche Fantasie, kann er nun aus dem Vollen schöpfen. Er wird Ideen haben, seine innere Leere zu füllen oder wenigstens zu überbrücken. Fehlt ihm diese Möglichkeit, wird er nach Ablenkung suchen, nach Ersatzbefriedigungen. Oft sind es Drogen oder auch Gruppierungen von Gleichgesinnten, die ihre Leere mit nicht unbedingt sinnvollen Inhalten auszufüllen versuchen (siehe auch Kapitel 3: KONSUM).

Ein gewisses Potential an Fantasie bringt jedes Kind mehr oder weniger mit auf die Welt. Ob wir diese Fähigkeit fördern oder verkümmern lassen, entscheiden wir als Eltern, als Erzieher, als Lehrer. Mit der Gestaltung der Freizeit, unseres Familienlebens, mit der Möglichkeit, sich in kreativem Spiel zu entfalten, mit der Art des Spielzeugs und nicht zuletzt durch den Umgang mit den Medien ermöglichen oder verhindern wir die Ausbildung der Fantasie unserer Kinder.

Im Fernsehen bekommen die Kinder fertige Bilder geliefert, die die Fantasie nicht anregen, sondern lahmlegen. Erzähle ich meinem Kind eine Geschichte, entwickelt es eigene innere Bilder. Das ist eine aktive Beteiligung am Verlauf der Geschichte, während die fertigen Bilder im Fernsehen keinerlei Aktivität erfordern, ja die eigenen Bilder geradezu zerstören.

Fantasie ist Gehirntraining! Langweilt sich ein Kind, muss es sich anstrengen, die Langeweile auszufüllen. Dies ist eine geistige Leistung, die praktisch als Gehirntraining gewertet werden kann. Schalte ich hingegen den Fernseher an, um meine Langeweile zu überbrücken, bedarf dies keinerlei geistiger oder anderer Aktivität. So lege ich auf die Dauer meine Fantasie, meinen Geist lahm.

Ein Leben ohne Fantasie ist ein armes und leeres Leben!

Passivität und Antriebslosigkeit

Fernsehen ist nicht nur passiv, es macht auch passiv. Es ist eine Tätigkeit, die gar keine ist. Kinder wollen tätig sein, sind in Bewegung und aktiv. Sitzen sie, zur Bewegungslosigkeit verdammt, vor dem Fernseher, ist dies eine Haltung, die ihnen vollkommen wesensfremd ist. Nach dem Fernsehen fällt es ihnen schwer, wieder in Bewegung zu kommen, wieder aktiv zu werden, die innere Leere wieder zu füllen, die sie zwangsläufig nach dem Fernsehkonsum lähmt. Selbst uns fernsehgewöhnten Erwachsenen geht es nicht anders! Schon der Wechsel vom Sofa zum Bett nach einem ausgiebigen Fernsehabend kostet uns einige Überwindung.

Sitzt ein Kind viel vor dem Bildschirm, wird es zunehmend passiv, antriebslos und lustlos werden.

Ein kleines, lebhaftes, fröhliches Kind aus meinem Kindergarten wurde mit der Zeit zunehmend passiv, lustlos, immer antriebsloser und sogar traurig. Durch unsere Elternarbeit wusste ich, dass in dieser Familie der Fernseher schon am frühen Morgen lief und die Kinder viele und nicht nur pädagogisch wertvolle Sendungen zu sehen bekamen.

Anfangs fiel nur sein Spielverhalten auf. Sein Spiel war aggressiv und unkommunikativ. Er konnte keinem Spielverlauf folgen und wurde so für andere Kinder immer uninteressanter als Spielpartner. Vereinsamung, Kontaktschwierigkeiten waren geradezu vorprogrammiert! Am Ende saß er nur noch traurig und apathisch herum und es war nicht mehr möglich, ihn zu irgendeiner Tätigkeit zu motivieren, geschweige denn zu begeistern. Diese geradezu tragische Entwicklung vollzog sich in weniger als zwei Jahren!

Der Anblick dieses traurigen, einsamen Kindes konnte einem das Herz brechen! Entmutigend ist die Tatsache, dass einem derart überforderten Kind ohne die aktive Einsicht der Eltern kaum zu helfen ist. So mussten wir uns darauf beschränken, mit viel Zuwendung und immer neuen Versuchen, ihn zu motivieren, wenigstens seine Traurigkeit zu mildern. Es ist schwer vorstellbar, wie dieses Kind einmal ein glückliches, ausgefülltes Leben führen soll.

Sinneseindrücke

Sinneseindrücke sind Organ bildend, sagte bereits vor 100 Jahren der Menschenkundler und Pädagoge Rudolph Steiner.

Nicht von ungefähr kommt es, dass Kinder, die auf dem Land aufwachsen, gesünder sind als diejenigen, die in der Stadt groß werden. Das Kind lebt und lernt in den ersten Lebensjahren ganz mit den Sinnen – und zwar mit allen Sinnen! Die vielfältigen Sinneseindrücke, die die Kinder beim Spiel in Wald und Wiese erleben, bereichern nicht nur die Seele, sondern auch Geist und Körper.

Sie sehen die Farbenpracht der Blumen, hören die zarten Klänge des Vogelgezwitschers, das Murmeln des Waldbaches, ertasten und be-greifen das feuchte Gras der Wiesen und die raue Rinde der Bäume. Die vielfältigen Gerüche der Pflanzen, des Waldes, sogar des Wetters, der Geschmack der Früchte und des frischen Wassers. Es ist ein Fest für die Sinne! All das prägt die geistige, seelische und die physische Entwicklung der Kinder.

Betrachten wir dagegen die Eindrücke, mit denen das Kind durch die Medien konfrontiert wird: grelle Farben und Lichteffekte, rasant schneller Bilderwechsel, abgerissene, für das Kleinkind nicht nachvollziehbare Geräusche und schrille Töne. Auge und Ohr werden „strapaziert" während der Tastsinn, der Geschmacks- und Geruchssinn auf der Strecke bleiben. Schon allein die ungleiche Verteilung der Sinneseindrücke, die einseitigen Reize, die nur einen Teil der Sinne frühzeitig überfordern, erscheint unnatürlich, wenn nicht gar ungesund, bedenkt man, dass das Kind in den ersten Lebensjahren grundsätzlich ganzheitlich wahrnimmt, erlebt, lernt und wächst.

Das Kleinkind ist zunächst noch nicht in der Lage, seine Sinne zu verschließen vor schlechten, ungesunden oder zu starken Eindrücken. Es nimmt alles auf, ungefiltert!

Überfordere ich mein Kind mit zu vielen unnatürlichen und ungesunden Sinneseindrücken, wird es mit der Zeit aber lernen, abzuschalten. Gelingt ihm dies auf die Dauer nicht, wäre es in kürzester Zeit seelisch gestört und verkrüppelt! Gelingt es ihm aber, wird es immer unempfindlicher werden. Das bedeutet aber auch, dass es möglicherweise ebenso für gute und nützliche Eindrücke unempfindlich wird, was seine Wahrnehmungsfähigkeit langfristig erheblich einschränkt.

Der Erwachsene hat im Laufe seines Lebens Mechanismen entwickelt, um seine Sinne zu schützen vor all den Eindrücken, die täglich auf ihn einstürmen. Er hat gewissermaßen Filter entwickelt, die gute und schlechte, angenehme und unangenehme Eindrücke unterscheiden. Im besten Fall dienen diese Filter dazu, die unangenehmen Eindrücke herauszusieben, während die angenehmen seine Sinne weiterhin erreichen. Im schlimmsten Fall, bei zu starker Reizüberflutung, verschließt er unbewusst alle seine Sinne, sodass ihn am Ende auch die guten, angenehmen Eindrücke kaum mehr erreichen. Dies lässt sich ganz einfach nachprüfen, indem man z. B. nach einer besonders geräuschvollen Situation versucht, seine Ohren auf ein leises Geräusch zu richten. Man wird dieses zunächst nicht wahrnehmen. In meinem Kindergarten, der glücklicherweise auf dem Land liegt, öffne ich in besonders turbulenten Situationen die Gartentür, um mit den Kindern das Vogelgezwitscher zu hören. Immer braucht es einige Minuten absolute Stille, bis die überlasteten Ohren die zarten Geräusche des Vogelgezwitschers überhaupt wieder wahrnehmen können.

Am Sehsinn, also den Augen, wird dies noch deutlicher: Schaue ich zu lange in die Sonne, bin ich anschließend blind, wenigstens für kurze Zeit, bis sich das Auge wieder an die milderen Lichtverhältnisse gewöhnt hat.

Wollten wir nicht unsere Kinder zu einfühlsamen Menschen erziehen, die eine sensible Wahrnehmung für Gut und Böse, für Recht und Unrecht, für Not und Glück der Mitmenschen haben?

Reizüberflutung

Die permanente Reizüberflutung ist ein Merkmal unserer heutigen Gesellschaft, unter der vor allem unsere Kinder zu leiden haben. Nur wenigen ist es heute noch vergönnt, in ländlicher Ruhe und Schönheit aufzuwachsen. Neben all den visuellen und akustischen Reizen, denen wir in der modernen Industriegesellschaft ausgesetzt sind, verschaffen wir uns und unseren Kindern zusätzlich eine Flut von weiteren Reizen durch Freizeitgestaltung, Erlebnisse, abwechslungsreiche Fernsehprogramme, Spielzeugmassen u.v.m. Nicht einmal im Kinderzimmer gönnen wir unseren Kindern einen Punkt, an dem sich wenigstens das Auge ausruhen kann. So statten wir in bester Absicht schon die Umgebung des Neugeborenen mit bunten Tapeten, grell gemusterter Babybettwäsche, dem farbenfrohen Wiegenschleier und Vorhängen mit karierten Mickymäusen aus. Zum Einschlafen läuft die CD mit „sanfter" Babyschlafmusik oder wenigstens die Spieluhr soll das Kind in den Schlaf klimpern.

Will das Kind trotz all der gut gemeinten Reizüberflutung immer noch nicht schlafen, fahren wir es im Auto spazieren, da schläft es immer ein.

Ist Ihnen schon einmal aufgefallen, dass Neugeborene beim größten Trubel seelenruhig schlafen können? Viele Eltern freuen sich über ihr robustes Kind, das man überall mitnehmen kann, weil es sich auch vom größten Radau nicht aus der

Ruhe bringen lässt. Dass diese Flucht in den Schlaf bei Säuglingen nichts weiter als eine angeborene Schutzreaktion ist, die leider schon nach den ersten Lebenswochen nachlässt, ist kaum einem bekannt. Setzt man aber in diesen ersten Wochen sein Kind all diesen starken Sinneseindrücken aus, wird es sehr bald schon unruhig werden.

Hier werden die Grundlagen gelegt für das weitere Leben!

Viele, später angeblich ADHS-gestörten Kinder wurden in ihren ersten Lebenswochen großem Lärm, dauernder Unruhe, zu grellen Lichtverhältnissen, also permanenter Reizüberflutung, häufigen Ortswechseln, unregelmäßigen Schlafenszeiten usw. ausgesetzt.

Dies ist natürlich eine extreme und etwas einseitige Darstellung, die zum Glück nicht auf alle Familien zutrifft! In meiner Kindergartenarbeit erlebe ich dennoch eine Vielzahl von Familien, die ihre Kinder in bester Absicht mit all den genannten Reizen überschütten.

Über die Auswirkungen der permanenten Reizüberflutung vor allem durch das immer abwechslungsreichere, immer grellere, immer brutalere Fernsehprogramm klagen heute besonders die Grundschullehrer, die mit dem eher „reizarmen" Lehrstoff die Kinder kaum noch erreichen. Die Kinder, die durch derart starke Reize, wie das Fernsehprogramm sie bietet, bereits abgebrüht und abgestumpft sind, brauchen immer stärkere Reize, um überhaupt noch erleben und fühlen zu können. Dass sie in der Schule abschalten oder gar stören, ist eine logische Konsequenz.

In einer Broschüre („Nicht nur laufen lassen"), herausgegeben von der Bundeszentrale für gesundheitliche Aufklärung (BzgA) heißt es dazu: „... ‚Fernsehkinder', die nichts lieber wollen, als von Action zu Action ‚berieselt' zu werden, können sich nur noch schwer auf irgendetwas länger konzentrieren. Das merken dann vor allem die Lehrer in der Schule. Geschichten ohne Bilder, Anforderungen an das eigene Nachdenken, längeres Beobachten und genaues Zuhören überfordern oder langweilen solche Kinder bald ..." Weiter heißt es in dieser Studie:

„... Gewöhnt an flüchtige Wahrnehmungen, passiven Bilderkonsum, schnellen Wechsel der Reize, ist das Gehirn des ‚Vielsehers' nicht nur für die Anforderungen der Schule, sondern auch des sozialen Miteinanders im Alltag ‚falsch eingestellt' ..."
Bereits in den 70er-Jahren wurde in den USA eine Klinik ausschließlich zur Behandlung von fernsehkranken Kindern errichtet!

Ob und wie viel ein Kind vor dem Bildschirm sitzt, ist bereits bei Vorschulkindern deutlich zu erkennen. In meiner Kindergartenarbeit fallen die Kinder, die am Wochenende viel Zeit vor dem Fernseher verbringen, jeden Montag auf durch Unruhe, Lustlosigkeit, aggressiveres Spielverhalten und Konzentrationsschwierigkeiten. Am deutlichsten wird es beim Erzählen von Geschichten. Diejenigen, die nicht oder nur wenig fern sehen, können geradezu abtauchen in den Verlauf einer Geschichte, unabhängig von der Spannung der Handlung, während ein „Fernsehkind" kaum noch in der Lage ist, sich auf das Geschehen einer altersgemäßen, also wenig aufregenden Geschichte einzulassen. Es ist unruhig, unkonzentriert und kann am Ende bestenfalls Bruchstücke des Inhalts wiedergeben.

Diese Kinder werden es in der Schule schwer haben, sich auf die wenig aufregenden Lerninhalte zu konzentrieren, geschweige denn sie zu behalten.

Gefühlswelt der Kinder

Nicht nur die Sinne, auch die Gefühlswelt des Kindes ist den meist starken Eindrücken und Bildern des Fernsehens ausgesetzt. Beobachtet man die Kinder vor dem Fernseher, so kann man in ihrer Mimik geradezu alle Schattierungen der Gefühle, oft in schnellem Wechsel erkennen. Angst, Freude oder Wut, Ärger oder Mitleid, je nachdem, welche Gefühle die jeweilige Sendung auszulösen vermag, in den noch unkontrollierten Ge-

sichtszügen des Kindes sind sie alle zu finden. Genauso unkontrolliert finden diese Gefühle Einlass in die Seele der Kinder.
Noch haben die Kinder nicht gelernt, das künstliche Geschehen auf dem Bildschirm von der Realität zu unterscheiden, wie wir Erwachsene es zumindest mehr oder weniger können. Selbst bei strikter Einhaltung der Altersempfehlungen für Kindersendungen sind die Kinder meist überfordert durch Gefühle, die unreflektiert und unverarbeitet in ihnen rumoren.
Besonders verheerend wirken Nachrichtensendungen mit realen Inhalten. Ob Not, Krieg oder Hunger, Gewalt oder Naturkatastrophen, die Realität dieser Bilder wirkt tiefer und nachhaltiger auf das Gemüt unserer Kinder!
Die guten Ratschläge vieler Medienpädagogen, Kinder nicht allein vor den Bildschirm zu setzen, mit ihnen über die Sendungen und über Gefühle zu sprechen, verhindern nicht die Verwirrung der Gefühle und sind somit wenig hilfreich – wenn auch besser als nichts!
Als verantwortungsbewusste und vor allem liebende Mutter oder Vater muss ich mich doch fragen, warum ich mein Kind überhaupt einer derartigen Gefühlsbelastung aussetze, die es nicht alleine aushalten kann, ohne in seelische Not zu geraten!
Dadurch, dass Kinder im Vorschulalter noch nicht in der Lage sind, die nötige Distanz zum Geschehen auf dem Bildschirm herzustellen, verbinden und identifizieren sie sich mit den Akteuren der Sendungen, fühlen mit ihnen, bauen eine irreale Beziehung zu ihnen auf, die sie auch noch beschäftigt, wenn der Bildschirm längst aus ist. Selbst wir Erwachsene können uns im Alltag nicht ganz befreien von den Eindrücken, den Beziehungen zu imaginären Filmhelden, mit denen auch wir uns verbunden fühlen, besonders wenn die Handlung mitten im Geschehen unterbrochen wird, wie es bei Serien der Fall ist.
Wie soll ein kleines Kind, dessen Gefühlsleben noch unreif, noch im „Wachstum" begriffen ist, eine gesunde, unbeschwerte emotionale Entwicklung vollziehen, solange seine Sinne ständig besetzt sind von Pseudobindungen zu Pseudoperso-

nen, die durch irreale Verhaltensweisen fehlgeleitete Gefühle auslösen, die sie nicht verarbeiten können?

Im Extremfall ziehen wir damit eine Generation von emotionalen Krüppeln heran!

Manipulation

Die schleichende, unbemerkte Manipulation, die über die Massenmedien stattfindet, ist nicht zu unterschätzen!

Über

- Werbung
- Talkshows und Politsendungen
- Nachrichtensendungen
- Unterhaltungssendungen
- Filme und Serien

werden uns Meinungen, Verhaltensweisen, Vorbilder oder Illusionen vorgesetzt, denen wir uns kaum entziehen können. Wie stark unsere Kinder diesen Einflüssen ausgeliefert sind, lässt sich schon allein daran erkennen, dass sich schon Grundschulkinder heute kaum noch auf die Straße trauen, ohne mit den allgemeingültigen „Markenklamotten" ausgestattet zu sein. Sie werden zu Außenseitern, wenn sie nicht die nötigen Accessoires zu den neuesten Kinderserien im Schulranzen mitführen.

Von „globaler Manipulation" ist die Rede in einer Broschüre („Fernsehgeschädigt"), die bereits in den 70er-Jahren erschienen ist.

Die steigende Gewaltbereitschaft nicht nur an Schulen, durch Gewaltverherrlichung selbst in Kindersendungen ist hinlänglich bekannt.

Kinder identifizieren sich mit den Helden der Serien und machen sich diese zu Vorbildern, noch bevor sie durch Erziehung oder Erfahrung eigene Wertvorstellungen gebildet haben. So sind sie kaum in der Lage zu differenzieren zwischen guten und schlechten Verhaltensweisen, die sie sich von den geliebten oder bewunderten Fernsehhelden abschauen und zu eigen machen.

Wie die geschickt platzierte Werbung in den Kinderprogrammen unsere Kinder beeinflusst, können wir täglich im Supermarkt erleben, wo Kinder besonders nach den Artikeln verlangen, die sie aus der Werbung kennen. Interessanterweise sind dies nicht nur die Süßigkeiten oder Spielsachen, sondern oft auch Lebensmittel, einfache Haushaltsartikel oder gar eine bestimmte Kaffeesorte und ähnlich alltägliche Gegenstände, die die Aufmerksamkeit der Kinder erregen.

„Nach den Zeichentrickfilmen gehört die Werbung bei jedem zweiten Kind zu den beliebtesten Sendeformen ...", heißt es in einer Untersuchung der Bundeszentrale für gesundheitliche Aufklärung (BZgA). Der Grund hierfür ist einfach: Die Werbespots „... sind abwechslungsreich, unterhaltsam und manchmal komisch. Die Personen wirken stets wohlgelaunt und am Ende steht immer ein Erfolg", heißt es weiter in der Broschüre. Dass in der Werbebranche mehr Psychologen als Designer beschäftigt sind, erklärt sich von selbst.

Dass Polit- oder Nachrichtensendungen nicht ausschließlich von Objektivität geprägt sind, ist inzwischen zumindest bis zu uns Erwachsenen vorgedrungen. Dennoch fällt es uns immer schwerer, eine eigene Meinung zu bilden, die nicht von den Informationen der Medien beeinflusst ist.

Wenn all die Gewalttaten und Verbrechen der Ausländer oder gar Farbigen in den Massenmedien mehr ausgeschlachtet werden als die der „einheimischen" Übeltäter, sollte es uns nicht wundern, dass besonders unter den Jugendlichen, die eher unvoreingenommen den Meinungen der Medien folgen, rassistische Tendenzen auftreten.

Kinder im Vorschulalter lernen in erster Linie aus der Nachahmung. Erleben sie immer wieder bestimmte Verhaltensmuster in all den Filmen und Serien, die leider eher selten von Qualität geprägt sind, empfinden sie diese als nachahmenswert, besonders wenn die Vorbilder erfolgreich oder glücklich wirken.

„... der Fernseher ist der heimliche Erzieher unserer Gesellschaft", sagt der Medienpsychologe Peter Winterhoff-Spurk in einem Spiegel-Interview.

Wir können uns noch so sehr bemühen, unsere Kinder zu freien, anständigen, offenen, fairen Menschen zu erziehen, die in der Lage sind, selbstständig zu denken und zu urteilen; je mehr sie besonders in jungen Jahren der Manipulation der Medien ausgeliefert sind, desto geringer wird das Gewicht unserer Erziehung.

4.1.3 Fernsehen als pädagogische Ergänzung?

Bildung

Nachdem das Fernsehen im Laufe dieser Schrift fast ausschließlich als negativ, schädlich und gefährlich dargestellt wurde, sollen nun auch einige nützliche Aspekte des Mediums Fernsehen betrachtet werden.

So gibt es durchaus Sendungen, die beispielsweise der Bildung unserer Kinder und uns selbst dienlich sein können. Es ist kaum zu erwarten, dass alle Eltern den gleichen Schatz an Allgemeinbildung und Wissen zur Verfügung haben, den sie ihren Kindern vermitteln könnten. Wie viele wunderbare Natursendungen gibt es zum Beispiel, an denen wir selbst wie auch unsere Kinder auf weitgehend unschädliche Weise die Besonderheiten der Natur, der Tier- und Pflanzenwelt anderer Breitengrade erleben können! Es gibt gut gemachte Kindersendungen, in denen Naturereignisse wie die Beschaffenheit von Vulkanen, die Entstehung von Regen, Sturm und Nebel und viele andere naturwissenschaftliche Themen in anschaulicher Weise dargestellt werden und somit einen Beitrag zur Allgemeinbildung von Kindern leisten. Sofern das Alter und der Entwicklungsstand unserer Kinder dem Niveau einer solchen Sendung entspricht, kann das angebotene Wissen auf fruchtbaren Boden fallen, Neugier und Lernmotivation in unseren Kindern wecken bzw. befriedigen. Aber auch bei diesen, oft guten Bildungssendungen darf man nicht vergessen, dass diese den

Kindern, die zu jung sind, um dem Inhalt einer solchen Sendung intellektuell oder emotional gewachsen zu sein, eher schaden als nützen. Ein solches Kind wird eher an der Grausamkeit der sich zerfleischenden Raubtiere leiden, als die Phänomene des natürlichen Raubtierverhaltens in der freien Natur zu erfassen.

In der „Sendung mit der Maus" können Schulkinder ihr Wissen in fast allen Bildungsbereichen erweitern, sofern sie alt genug sind, den teilweise anspruchsvollen Lektionen zu folgen. All diese Dinge lassen sich natürlich auch in ausgezeichneten Kinderlexika finden, aber nicht jedes Kind hat die Möglichkeit, ein Lexikon „lesen" zu lernen. Auch eigene Naturerfahrungen mit und ohne die Anleitung des Erwachsenen sind nur wenigen Kindern vorbehalten.

Wertevermittlung

Positive Werte wie Mut, Ehrlichkeit, Fairness, Mitgefühl u.v.m. findet man besonders in vielen alten klassischen Kinderfilmen, wie den wunderbaren Verfilmungen der Bücher von Astrid Lindgren, Erich Kästner, Johanna Spyri usw. Hier gewinnt nicht der rücksichtslose, skrupellose Held, sondern der mutige, ehrliche, der Freundschaft höher wertet als egoistischen Eigennutz.

Beschränken wir den Fernsehkonsum unserer Kinder wirklich auf ausgewählte, pädagogisch wertvolle Sendungen oder Filme, so ist es durchaus möglich, ergänzend zu unserer Erziehung, Werte und Vorbilder in diesen Filmen zu finden, die fraglos nachahmenswert sind und somit auf die charakterliche Entwicklung unserer Kinder einen positiven Einfluss haben, vorausgesetzt, dass diese Werte auch den Grundlagen unserer Erziehung entsprechen.

Erziehungshilfe

Benutzen wir das Fernsehen als „Erziehungshilfe", wertet dies den Fernsehkonsum in den Augen der Kinder gegen unsere Absicht eher auf.

Durch Fernsehen als Belohnung oder Fernsehentzug als Strafe für Fehlverhalten räumen wir dem Fernseher einen Stellenwert ein, der viel zu wichtig ist! Fernsehen sollte unwichtig, uninteressant werden, sich unserer ständigen Aufmerksamkeit entziehen, um andere Dinge wieder interessant und wichtig erscheinen zu lassen. Benutze ich den Fernseher als Strafe, gestehe selbst ich ihm eine Bedeutung zu, die ich eigentlich reduzieren möchte.

4.2   SINNVOLLER UMGANG MIT DEM FERNSEHER

Die Aussage, dass ein „sinnvoller Umgang" mit dem Fernseher in Bezug auf unsere Kinder ein Widerspruch in sich ist, wäre im heutigen Medienzeitalter wohl ketzerisch. Sie wäre auch nicht ganz richtig, da doch die Existenz des Mediums Fernsehen an sich in keiner Weise schädlich ist. Schädlich, besonders für unsere Kinder, ist nur die Tatsache, dass es so schwer ist, angemessen damit umzugehen, dass wir uns in Abhängigkeit begeben haben und damit die Macht über den Fernseher aus den Händen gegeben haben.

So wollen wir uns also darauf besinnen, wie ein möglichst verträglicher Umgang mit diesem Medium, ohne allzu großen Schaden bei unseren Kindern anzurichten, zu gestalten sein könnte.

Zwei Dinge müssen uns klar sein, ohne die ein Umdenken, eine Umstellung unserer Fernsehgewohnheiten nicht möglich wäre:

Die Bereitschaft
* zu einem erhöhten Einsatz im Umgang mit unseren Kindern;
* als verlässliches Vorbild zu fungieren.

Diese beiden Voraussetzungen sind Opfer, die wir bringen müssen, die sich aber langfristig mehrfach auszahlen werden!

4.2.1 Stellenwert des Fernsehers in unserem Leben

Welchen Stellenwert der Fernseher in unserem Leben einnimmt, ist den wenigsten von uns wirklich bewusst. Gibt der geliebte Flimmerkasten einmal den Geist auf, merken wir plötzlich, welch unentbehrliche Rolle er in unserem Leben eingenommen hat. Wäre es ein ähnlich schmerzlicher Verlust, wenn ein Buch verschwinden würde, der Partner ein paar Tage auf Reisen ginge, mein Kind bei der Oma übernachtete oder der Kühlschrank den Geist aufgäbe? Wahrscheinlich nicht! Und dennoch würden wir nicht zugeben wollen, dass der Fernseher in seiner Rangordnung noch vor dem Partner oder den Kindern rangieren würde!

Aus der genannten Studie der BZgA geht hervor, „... dass zwar die Mehrheit der Kinder ‚am liebsten spielen‘, wenn man sie nach ihren bevorzugten Freizeitbeschäftigungen fragt, tatsächlich aber verbringen viele 6- – 13-Jährigen mehr Zeit vor dem Bildschirm als beim selbstbestimmten Spiel ...".

Ich selbst war immer nur zeitweise stolze Besitzerin eines Fernsehers. Als meine Kinder noch klein waren, habe ich mich bewusst gegen die Anwesenheit dieses Verführers entschieden. Dreimal gab es über einen längeren Zeitraum hinweg einen Fernseher in unserem Haus. Der erste war geliehen, weil mein Mann unbedingt Boris Becker in Wimbledon sehen wollte. Der zweite war das Geschenk meines mitleidigen Bruders, der es nicht mit ansehen konnte, dass seine mittellose Schwester ohne Fernseher leben musste, der dritte ist irgendwie vergessen worden von einem unserer Langzeitgäste. Jedes Mal habe ich früher oder später meine sonstigen Beschäftigungen an den Nagel gehängt und wurde geradezu zur Gefangenen der diversen Flimmerkästen. Den ersten mussten wir (Gott sei Dank!) wieder zurückgeben, den zweiten habe ich eines Tages wutentbrannt zertrümmert, als eine meiner äußerst kreativen Töchter all ihre kreative Aktivität dem Fernseher zum Opfer gebracht hat. Der dritte hat von selbst den Geist aufgegeben. Ich muss zugeben, dass ich selbst unter handfesten Entzugserscheinungen litt! Einfallslos, gelangweilt und innerlich leer lief ich durch die Wohnung, geradezu in Panik, wie ich nun den langen Abend lebend überstehen sollte. Ein klassischer Fall von Suchtverhalten!

Ich bin eine leidenschaftliche Leserin, ich habe immer gerne geschrieben, genäht und gewerkelt. Langeweile war mir ein Fremdwort, bis die erste „Glotze" ins Haus kam. Sehr schnell habe ich – über dem angenehmen und bequemen Zeitvertreib des Fernsehens – meine sonst so geliebten Tätigkeiten vergessen, Freunde vernachlässigt, interessante Veranstaltungen versäumt. Die innere Leere nach einem ausgiebigen Fernsehabend habe ich geflissentlich ignoriert.

Nun lebe ich seit Jahren ohne Fernseher – glücklich und zufrieden, ohne Langeweile und vor allem: *frei!*

Ich bin sicher ein Extremfall im Umgang mit dem Fernseher, aber gerade am Extrem lässt sich das ganze Ausmaß einer Sache am ehesten erfassen.

Standort

Auch der Standort des Fernsehers sagt so einiges über den Stellenwert aus, den er in unserem Leben einnimmt. Steht er im Mittelpunkt unseres Lebensraumes, auf dem Ehrenplatz in der guten Stube, als wichtigstes Möbelstück, um das sich bescheiden alle anderen Möbel herum gruppieren? An einem Platz, wo er jederzeit erreichbar und immer sichtbar ist oder eher dezent im Schrank verborgen oder gar in einem weniger „bewohnten" Raum?

Die Standortfrage könnte der erste Schritt zur Umstellung unserer Fernsehgewohnheiten sein. Verbannen wir den Fernseher äußerlich an einen weniger zentralen Punkt unseres Lebensraumes, wird er mit der Zeit auch in unseren Köpfen eine zweitrangige Position einnehmen.

Vor allem sollte er aus unserem unmittelbaren Blickfeld verschwinden. Besonders die Kinder leben in der Gegenwart und reagieren spontan auf Impulse von außen. Entzieht sich der Fernseher ihren Blicken, wird er schon bald eine geringere Rolle in ihrem Bewusstsein spielen.

Sofern man noch nicht bereit ist, einschneidendere Veränderungen in die Wege zu leiten, ist es schon hilfreich, den Bildschirm zunächst in einem Schrank oder unter einem Tuch zu verbergen. Noch wirkungsvoller ist es, sofern die Beschaffenheit der Wohnung dies gestattet, den Fernseher in einem anderen Raum, am besten einem eher ungemütlichen, ungeheizten, zu deponieren. So verringert sich – auch für den Erwachsenen – das Fernsehvergnügen erheblich. Das Fernsehvergnügen wird kein Vergnügen mehr sein, sein Freizeitwert wird auf ein Minimum zusammenschrumpfen. Am Ende sind wir in der Lage, dem Fernseher den Stellenwert zuzuweisen, der ihm gebührt. So dürfte es nicht mehr allzu schwer sein, sich auf die ausgesuchten Sendungen zu beschränken, die uns wirklich interessieren.

Funktion des Fernsehers

Nicht zuletzt übernimmt der Bildschirm auch eine oder mehrere Funktionen in unserem Leben und im Leben unserer Kinder.

Sowohl für den Erwachsenen als auch für die Kinder dient er oft als Ersatz oder Ablenkung. Ersatz für Dinge, die uns, besonders aber unseren Kindern, im realen Leben fehlen. Ob es Zuwendung, Nähe, Geborgenheit oder aber einfach nur die „heile Welt" ist, von der die Kinder träumen.

Durch die hohe Belastung, die die Vereinbarung von Beruf und Familie heutzutage mit sich bringt, entgehen die Bedürfnisse der Kinder oft unserer Aufmerksamkeit.

Auch Einsamkeit und Frustration lassen sich durch den Fernseher vorübergehend scheinbar leichter ertragen.

Dazu kommt, dass Fernsehsendungen Kindern die Illusion vermitteln, durch Identifikation mit den Fernsehfiguren ihre eigenen Schwächen zu relativieren.

So identifizieren sich beispielsweise ängstliche Kinder gerne mit den mutigen Helden der magischen Fernsehwelt, einsame Kinder wiederum mit dem trügerischen Familienidyll der Familienserien.

Ebenso kann die anziehende Flimmerwelt uns die vorübergehende Flucht vor den erdrückenden Alltagsproblemen oder der inneren Leere ermöglichen – leider ohne dauerhafte Wirkung! Ist der Flimmerkasten aus, kehren die Probleme, die Einsamkeit, innere Leere und Not zurück, meist sogar in verstärkter Form.

Schaffen wir es dennoch, ihnen und uns selbst wenigstens einen Teil dieser Bedürfnisse zu befriedigen, wird der Fernseher diese Funktion und damit seinen vorrangigen Stellenwert in unserem Leben verlieren.

Für die erschöpften Eltern ist der Fernseher auch ein willkommener Babysitter. Wie angenehm ist es doch, den lautstarken, oft anstrengenden Nachwuchs einfach nur per Knopfdruck für eine Weile außer Gefecht zu setzen! Wie viel mühsamer hingegen ist es, sich Gedanken machen zu müssen über angemessene Beschäftigungen, um eine streitende, nörgelnde, unzufriedene Rasselbande, womöglich noch an grauen Regentagen, zufrieden zu stellen.

4.2.2 Bewusster Fernsehkonsum

Analyse der Fernsehgewohnheiten

Um vom alltäglichen, meist automatischen Fernsehkonsum der Familie zu einem bewusst gelenkten Umgang mit dem Fernseher zu gelangen, bedarf es zunächst der genauen Analyse des familiären Fernsehverhaltens.

Im Idealfall findet dies gemeinsam mit dem Partner und gegebenenfalls den Kindern statt, vorausgesetzt, diese sind alt genug dazu.

Beobachten Sie über einen gewissen Zeitraum hinweg genau das alltägliche Fernsehverhalten der ganzen Familie und klären dann folgende Punkte:

- Standort des Fernsehers
- Funktion des Fernsehers: In welchen Situationen greife ich oder meine Kinder automatisch oder ungeplant zur Fernbedienung?
  - bei Stress
  - bei Frustration
  - um Schwächen auszugleichen
  - zur Flucht
  - zur Befriedigung von Bedürfnissen
  - um die Kinder zu beschäftigen
  - bei Langeweile

Ist die Analyse abgeschlossen, gilt es zu überprüfen, welche der genannten Gründe oder Bedürfnisse sich im Vorfeld beheben lassen, sodass der Fernseher zunächst seine Funktion als Ersatzbefriedigung verliert.

Auswahl der Filme und Sendungen

Als nächster Schritt folgt die bewusste Auswahl der Sendungen.
Ob die ganze Familie beim Sonntagskaffee gemeinsam das Fernsehprogramm studiert oder Sie allein die Auswahl treffen, hängt vom Alter der Kinder ab. Es kann pädagogisch nützlich sein, gemeinsam mit den Kindern, gewissermaßen demokratisch über die Auswahl der Filme zu entscheiden, andererseits hat der Erwachsene den größeren Überblick über die Verträglichkeit der einzelnen Sendungen. Vorausgesetzt natürlich, dass man wenigstens ansatzweise die Inhalte der Filme kennt und deren Wirkung auf die Kinder einschätzen kann. Über die Beurteilung von Kindersendungen wird im weiteren Verlauf dieser Schrift näher eingegangen werden. Wichtig ist, dass diese gezielte Auswahl von Sendungen bindend ist – auch für die

Erwachsenen! –, sodass die wahllose Sucherei und Zapperei ein Ende hat.

Das Vorbild der Eltern ist hier von enormer Bedeutung!

Geplante Fernsehzeiten

Sehr hilfreich sind geplante Fernsehzeiten, die für alle Familienmitglieder bindend sein sollten. Ob dies gemeinsam und demokratisch mit den Kindern entschieden oder eher „autoritär" festgelegt wird, sollte vor allem vom Alter der Kinder abhängig gemacht werden. Kinder im Vorschulalter sind meist noch nicht in der Lage, über Inhalt und Ausmaß eines verträglichen Fernsehkonsums zu entscheiden.

Auch hier gilt: Die Bedeutung der Vorbildfunktion der Erwachsenen ist nicht zu unterschätzen!

Verarbeitung von Fernsehinhalten

Auch der bewusste und reduzierte Fernsehkonsum sollte uns nicht vergessen lassen, dass viele Sendungen die noch unverdorbene Kinderseele oft mehr belasten als wir glauben. Nochmals sei hier darauf hingewiesen, dass Nachrichtensendungen, die von realen Situationen handeln, ungleich schlimmer auf Kinder wirken als aufregende, aber unwirkliche Filmszenen!

Wenn es denn doch zu Situationen kommt, in denen unsere Kinder zu schwierige, zu aufregende Sendungen oder gar Nachrichtensendungen zu sehen bekommen, sollten wir nicht versäumen, gemeinsam mit unseren Kindern die Inhalte der Berichte zu verarbeiten. Das heißt nicht, dass wir die Kinder mit gut gemeinten Theorien und Erklärungen beruhigen können. Ein offenes Ohr für Fragen oder Ängste, ein wacher Blick für Reaktionen und Gefühlsregungen, die nicht immer offensichtlich sind, sind mehr wert als wortgewaltige Erklärungen, die am Verständnis und dem Bedürfnis der Kinder meist vorbeigehen.

Besonders wichtig ist es, dass wir die Fragen und Gefühle unserer Kinder ernst nehmen und nicht mit unglaubwürdigen Beruhigungen abtun!

So berichtete mir eine meiner Kindergartenmütter nach der Schreckensnachricht des Attentats am 11. September 2001 in der Tagesschau von den Ängsten ihrer 5-jährigen Tochter, die durch keinerlei Argumente der Verharmlosung des fernen Grauens zu beruhigen sei. Geholfen hat letztendlich die Idee, selbst aktiv zu werden. Mutter und Tochter verfassten gemeinsam einen Brief an den Präsidenten der USA, J. W. Bush, mit der Bitte, keinen Krieg zu beginnen. Das mag vordergründig als lächerlich erscheinen, einen Brief zu schreiben mit der Überschrift: „Dear Mr. President ...", aber das Kind konnte sich beruhigen mit der Gewissheit, ernst genommen zu werden und eine Möglichkeit zu haben, wenn auch eine nur geringe, selbst aktiv Einfluss nehmen zu können auf das beängstigende Geschehen in der Welt.

Eine solche Aktion wäre allerdings weitgehend wirkungslos, wenn wir diesen Brief am Ende in den Papierkorb wandern ließen. Nicht nur, um dem Kind Entschlossenheit vorzutäuschen, ist es wichtig, diesen Brief adressiert und frankiert in den Briefkasten zu werfen, sondern unsere eigene Einstellung, unser Glaube an die Möglichkeit einer Wirkung dieser kleinen Aktion sind hilfreich für mein Kind!

4.2.3 Alternativen zum Fernsehen

Haben wir uns entschlossen, unseren Fernsehkonsum einzuschränken, müssen wir uns natürlich Gedanken darüber machen, wie wir die dadurch entstandene „Lücke" nun wieder füllen.

Je größer der Fernsehkonsum bis dahin war, desto mehr werden wir uns nun einfallen lassen müssen. Sowohl für unsere Kinder als auch für uns selbst!

In dieser schnelllebigen Zeit, in der alle Welt über chronischen Zeitmangel klagt, ist es ohnehin recht paradox, wie viel Zeit

Kinder wie Erwachsene im Durchschnitt vor dem Bildschirm vergeuden!
Nun haben wir also wieder Zeit, vielleicht sogar mehr, als uns lieb ist!

Videos und DVDs

Eine sehr naheliegende Alternative zum ohnehin immer schlechter werdenden Fernsehprogramm sind Videos bzw. DVDs.
Sie haben eine Menge Vorteile!

- Wir können sie in aller Ruhe beurteilen, bevor wir sie unseren Kindern zeigen.
- Wir können dem natürlichen Bedürfnis des Kindes im Vorschulalter nach Wiederholungen nachkommen.
- Wir sind nicht auf den Zufall des Fernsehprogramms angewiesen.

Eine Mutter aus meiner Kindergartenelternschaft berichtete in einem Elternabend zum Thema „Kinder und Medien" von ihren Erfahrungen mit Videos statt Fernsehen. Sie besaß zunächst nur ein einziges Video: „Michel aus Lönneberga" von Astrid Lindgren. Dieses Video durften ihre Kinder, die damals 3, 5 und 7 Jahre alt waren, jeden Sonntag ansehen. Bald wurde ihr Wohnzimmer sonntags zum Treffpunkt sämtlicher Nachbarkinder – so berichtete sie weiter –, die mit größtem Vergnügen immer wieder diesen einen Film ansahen, ihn fast auswendig kannten und sich schon im Voraus königlich amüsierten über die längst bekannten lustigen Szenen des Films. Über ein halbes Jahr waren die Kinder glücklich mit diesem einen Film, danach wurde ein zweiter angeschafft.
Dieses Beispiel zeigt nicht nur, wie einfach sich das Fernsehprogramm mit guten Videofilmen ersetzen lässt, es weist auch auf die meist unterschätzte Tatsache hin, wie wichtig für Kinder im Vorschulalter und darüber hinaus Wiederholungen sind, die Wiederbegegnung mit Altbekanntem, die den Kin-

dern Vertrauen und Sicherheit vermittelt. Die ständige Abwechslung, die wohlmeinende Eltern ihren Kindern zuteilwerden lassen, um sie möglichst gut und lückenlos zu beschäftigen und zu unterhalten, ist dem Entwicklungsstand der Kinder im Vorschulalter nicht nur unangemessen, sondern äußerst schädlich und hinderlich. Das Gleiche gilt für die oft atemberaubende Geschwindigkeit der Bilderwechsel im Fernsehen.

Kinder brauchen Zeit, viel Zeit, um Bilder, Eindrücke, Gefühle und Erlebnisse zu verarbeiten. Dadurch erklärt sich auch die Tatsache, dass Kinder, die noch nicht durch dauernde Reizüberflutung abgebrüht sind, nicht müde werden, über Wochen dieselbe Geschichte zu hören oder denselben Film zu sehen und immer wieder herzhaft über denselben Witz zu lachen.

„Märchenstunde"

Nimmt man sich dieses Beispiel zum Vorbild, bleibt immer noch viel Zeit, die es zu füllen gilt. Zumal es ja nicht darum gehen kann, den gewohnten Fernsehkonsum vollständig durch Videos zu ersetzen, sondern diesen auch zu reduzieren.

Hier ist nun unser Einfallsreichtum gefragt. Vielleicht besinnen wir uns einmal auf die altbewährte, im Medienzeitalter leider fast vergessene Möglichkeit, Märchen und Geschichten zu erzählen und vorzulesen. Wobei das Erzählen oder Vorlesen eine ungleich bessere Qualität hat als das Abspielen von Kassetten oder CDs. Hier findet echte Kommunikation zwischen Eltern und Kindern statt, hier wird Beziehung geschaffen und Nähe vermittelt. Nach einer harmonischen „Märchenstunde" sind Kinder zufriedener und ausgeglichener als nach einer anonymen Märchen-CD. Sie werden sich anschließend leichter und fröhlicher auf ein selbstständiges Spielen einlassen können. Hin und wieder ist eine Kassette oder CD sicher nicht falsch, aber ein wahlloser Kassettenkonsum ist auf die Dauer nichts anderes als eine abgeschwächte Variante des Fernsehkonsums: ohne Beziehung, ohne Nähe.

Als meine älteste Tochter drei oder vier Jahre alt war, entdeckte sie den Reiz des Fernsehens bei den Nachbarkindern – wir besaßen damals keinen Fernseher. Nachdem sie des Nachts von Alpträumen heimgesucht wurde, beschloss ich, eine „Märchenstunde" als Alternative anzubieten. Da ich selbst aus einem geradezu fanatisch fernsehfreien Haus stamme, wodurch ich heute noch Schwierigkeiten habe, gelassen mit dem Thema Fernsehen umzugehen, beschloss ich, meinen Kindern nicht mit Zwang das Fernsehen vorzuenthalten. So bot ich also diese Alternative auf freiwilliger Basis an. Zunächst waren es wohl die Alpträume, die meine Tochter dazu bewogen, das Angebot anzunehmen (wobei ich zugeben muss, dass ich es nicht versäumte, mit heimlicher Genugtuung meiner Tochter gegenüber die Alpträume auf das Fernsehen zurückzuführen!). Mein schlaues Töchterlein brachte es fertig, mit der Tatsache, dass ihre Mutter Geschichten erzählte, den Neid der Nachbarskinder zu erwecken mit dem Ergebnis, dass am Ende alle Nachbarkinder bei uns zuhause saßen und – man sollte es nicht meinen – immer wieder die gleichen Geschichten hören wollten!

Derartige Alternativen zum bequemen Fernsehprogramm kosten natürlich Zeit und Energie. Langfristig zahlt sich der Einsatz jedoch aus! Die Kinder sind zufriedener, kreativer und selbstständiger. Da sie durch die regelmäßige „Märchenstunde" ungeteilte Zuwendung bekommen, brauchen sie diese nicht einzufordern durch Nörgeln, Streit oder Unfug.

Bedenkt man, dass Märchen nicht nur eine brauchbare Alternative zum Fernsehen darstellen, sondern auch noch in hohem Maße fantasieanregend und geradezu heilsam sind, tue ich meinem Kind somit einen doppelten Gefallen und damit auch mir und meinem Familienleben.

Mit dem möglichst begrenzten Einsatz von Videos/DVDs sowie Märchen und Geschichten lässt sich ein Teil der Lücke schließen, die durch den wegfallenden Fernsehkonsum entsteht. Darüber hinaus ist unsere Fantasie gefragt, um diese, meist große Lücke vollständig auszufüllen. Damit ist nicht gemeint, dass nun der Erwachsene den fehlenden Fernsehkonsum durch Daueranimation ersetzen soll! Vielmehr soll und muss es ja darum gehen, die Kinder wieder zu Eigeninitiative und Kreativität anzuregen. Hier wäre eine Überprüfung des Spielzeugbestandes unserer Kinder nützlich unter dem Aspekt, inwieweit das Spielmaterial ein aktives, selbstständiges und kreatives Spiel ermöglicht oder eher verhindert. Je perfekter ein Spielzeug ist, desto geringer und einseitiger sind die Spielmöglichkeiten!

Ein ferngesteuertes Auto verlangt nur einen Knopfdruck, um seinen Zweck zu erfüllen, während ein Korb voll Wurzeln und ungleicher Holzklötze geradezu unbegrenzte Spielmöglichkeiten bietet. Hier ist der Beschäftigungswert ungleich höher als bei dem ferngesteuerten Auto, das nach einer kurzen Rallye durch das Kinderzimmer schnell uninteressant wird.

Glückliches Familienleben durch gemeinsame Erlebnisse

Hat man das Glück, auf dem Land oder zumindest in einer eher grünen Stadt zu wohnen, bietet die Natur eine Menge Möglichkeiten, den reduzierten Fernsehkonsum in äußerst gesunder und für die ganze Familie beglückender Weise zu ersetzen. Der traditionelle Sonntagsspaziergang der ganzen Familie ist leider längst in Vergessenheit geraten, obwohl alle – nicht nur die Kinder – anschließend glücklicher und zufriedener sind als zuvor! Selbst der „gestresste" Familienvater, der den einzig freien Tag in der Woche „genießen" möchte, wird einen höheren Erholungswert aus einem gemeinsamen Spaziergang ziehen können als aus einem vermeintlich „gemütlichen" Fernsehsonntag auf dem Sofa!

An Regentagen könnte die längst vergessene Spielesammlung wieder zu neuen Ehren kommen. Wie viel fröhlicher könnte ein gemeinsamer Wettkampf auf dem Spielfeld von „Mensch ärgere dich nicht" sein als ein stimmungstötender Fernsehnachmittag, an dem keinerlei Kommunikation zwischen Groß und Klein stattfindet?

Auch die Jahreszeiten und Feste eignen sich für eine Menge gemeinsamer Aktivitäten, deren beglückende Wirkung auf die ganze Familie nicht zu übersehen ist, hat man sich erst einmal dazu aufgerafft! Ob vorweihnachtliche Bäckerei, Staudämme am Waldbach, Schneemänner oder Osternester, jede Jahreszeit bietet Möglichkeiten für alle Altersstufen.

Gemeinsame Aktionen mit den Kindern dienen nicht nur dazu, die entstandene Lücke des reduzierten Fernsehkonsums auszufüllen, sie sind auch ungemein förderlich für das Familienleben, für den Haussegen, für eine gute Beziehung zu den Kindern und zwischen den Eltern. Das ist nicht neu, nur meist in Vergessenheit geraten!

4.2.4 Ein Leben ohne Fernsehen?

Wie sähe ein Leben ohne Fernsehen aus?

Aus meiner Kindergartenarbeit fällt mir dazu eine Familie ein, deren Fernseher eines Tages den Geist aufgab, woraufhin sie beschlossen, es einmal ohne zu versuchen.

Auf die Frage, wie sich nun der fehlende Fernseher auf ihren Alltag auswirke, bemerkten die Eltern schmunzelnd, dass der gemeinsame Rotweinkonsum gestiegen sei!

In Berlin gab es vor etlichen Jahren ein Experiment, an dem sich erstaunlich viele Haushalte beteiligt haben. Es ging um den Versuch, zwei Wochen ohne Fernseher auszukommen. Die Rückmeldung der Teilnehmer war weitgehend übereinstimmend: Geradezu alle klagten über anfängliche, teils massive Entzugserscheinungen, während die meisten von ihnen im weiteren Verlauf des Experiments von zunehmender Kommunikation zwischen den Partnern und/oder Familienmitgliedern berichteten, von steigender Aktivität der einzelnen Personen, ob groß oder klein, sowie wachsender Unternehmungslust. Man ging wieder ins Theater oder Kino, besuchte Freunde, Kneipen, Restaurants. Viele begannen wieder oder erstmals zu lesen. Am Ende dieser zwei Wochen beschlossen einige der Teilnehmer, das Experiment zu verlängern, andere trennten sich sogar ganz von ihrem Fernseher. Nur wenige haben die zwei Wochen nicht durchgehalten und die Sache vorzeitig abgebrochen!

Machen Sie ein solches Experiment auf eigene Faust und testen Sie, wie es sich anfühlt ohne unseren ständigen Begleiter. Was passiert mit dem Partner, der Ehe, mit den Kindern, mit der ganzen Familie?

Entdecken Sie Ihre Familie, Ihren Partner aufs Neue, entdecken Sie längst vergessene Gemeinsamkeiten!

Klagen wir nicht immer über chronischen Zeitmangel? Nun hätten wir Zeit im Überfluss! Auch wenn es anfangs Kraft und Überwindung kostet, diese Zeit sinnvoll und vergnüglich zu füllen, das ändert sich schnell!

4.3 BEURTEILUNG VON KINDERSENDUNGEN

4.3.1 Urteilskriterien

Eine wichtige Voraussetzung zur Gewährleistung eines „verträglichen" Fernsehkonsums unserer Kinder ist die Beurteilung von Kindersendungen. Um eine Sendung auf ihre Kindertauglichkeit zu überprüfen, bedarf es zunächst konkreter Urteilskriterien:

- Erster Eindruck des unbefangenen Betrachters
- Schneller Bilderwechsel
- Vorbilder/Helden als Identifikationsfiguren
- Wertevermittlung:
  - Gewaltverherrlichung
  - Mut
  - Fairness
  - Korruption
  - Machtmissbrauch
- Wirkung auf die Gefühlswelt der Kinder
  - Angst, Wut, Freude ...
- Ästhetisches Empfinden
- Lerninhalte

Diese Kriterien haben wir gemeinsam mit Eltern in einem, zur Beurteilung von Kindersendungen gegründeten Medienarbeitskreis zusammengetragen. Als Grundlage dienten Ausschnitte aus folgenden, derzeit aktuellen Kindersendungen: „Teletubbies", „Pokémon", „Sendung mit der Maus", „Power Ranger", „Michel aus Lönneberga" von Astrid Lindgren, Werbespots u. a.

4.3.2 Auszug aus dem Protokoll einer Sitzung des Medienarbeitskreises im Juli 2000 zur Sendung „Pokémon" (japanischer Zeichentrickfilm von Nintendo)

„... Zum besseren Verständnis für diejenigen, die ‚Pokémon' noch nicht (oder nicht mehr) kennen, eine kurze Erläuterung zum Film: Die ‚Pokémons' sind Phantasietiere, die – gefangen und gezähmt – dem Besitzer Macht und Stärke verleihen. Man setzt sie ein wie willenlose Soldaten in Kämpfen und Machtproben. Die Akteure sind ausschließlich Kinder."

Erster Eindruck nach dem Video von Pokémon

„Als ‚blutige Anfänger' (nur wenige der Anwesenden hatten diese Sendung bereits gesehen) war unsere erste Reaktion auf diesen Film allgemeine Erschütterung! Zum Einen war die Geschwindigkeit der Bilder und Handlungen so atemberaubend, dass es dem unbefangenen Zuschauer geradezu unmöglich war, der Handlung zu folgen. Als man dieses Problem mit Hilfe umfassender Erklärungen und größter Geistesanstrengung langsam in den Griff bekam, breitete sich geradezu blankes Entsetzen aus über die Botschaft der Sendung, welche Werte hier unseren Kindern vermittelt werden! Welch kinderverachtende Haltung muss der Produktion einer solchen Sendung zu Grunde liegen! ..."

„... Wie in vielen Filmen wird Gewalt als einziges Mittel zur Problemlösung oder auch zur – meist rücksichtslosen – Erreichung von Zielen angeboten. Dass dies bereits in Kindersendungen, die sogar von Kindern im

Kindergartenalter gesehen werden(!), so gehandhabt wird, ist geradezu erschreckend! ..."

Weiter heißt es hier:

„... Korruption und Bestechlichkeit kennt man z. B. aus den Machenschaften unserer Politiker, was wir meist lautstark verurteilen! Auf der anderen Seite lassen wir es zu, dass unseren Kindern genau diese Methoden als erfolgreich und legitim in Kindersendungen vermittelt werden! Man ist bereit, den Freund zu opfern, wenn es um egoistische Vorteilsnahme geht! (In diesem Fall bei Pokèmon ging es um Verrat und die Verbrüderung mit dem Feind, um im eigenen Lager die angestrebten Aufstiegschancen zu erreichen.) ..."

Bei der aufmerksamen Betrachtung eines Films unter Berücksichtigung der genannten Kriterien werden wir zwangsläufig erkennen, mit wie vielen Negativbotschaften, schlechten oder falschen Vorbildern, unguten Gefühlen, schnellem Bilderwechsel wir die Köpfe, Seelen und Sinne unserer Kinder belasten und überfordern.

Es wird uns schwerfallen, wirklich gute Kindersendungen zu finden, die all diesen Kriterien standhalten.

Oft ist unser eigenes Empfinden, unser eigener Blick schon so abgehärtet und getrübt, dass uns beispielsweise die Hässlichkeit der meisten Figuren in Zeichentrickfilmen gar nicht mehr auffällt. Das ästhetische Empfinden unserer Kinder entwickelt sich am verlässlichen Qualitätsurteil des Erwachsenen. Mit welchen Bildern ich mein Kind konfrontiere, egal ob im Fernsehen, in Büchern, beim Spielzeug, ja sogar auf Kleidern oder in der Wohnungseinrichtung, präge ich das ästhetische Empfinden meines Kindes.

Wie oft habe ich schon Mütter im Spielzeugladen Rufe des Entzückens ausstoßen hören beim Anblick von wirklich objektiv hässlichen Figuren aus Kinderfilmen: Turtels, Pokémon, fratzenhaft verunstaltete Tiergestalten, Batman ..., sodass sich mir die Frage aufdrängte, ob es tatsächlich möglich ist, dass selbst Erwachsene von den Medien bereits so manipuliert sind, dass sie ihr objektives Empfinden für Schönheit verloren haben.

Vor der gefährlichen Wirkung des schnellen Bilderwechsels in Zeichentrickfilmen, besonders aber bei Video- und Computerspielen, warnen Ärzte und Psychologen, nachdem bekannt wurde, dass dadurch bei Kindern und Jugendlichen epileptische Anfälle ausgelöst werden können, wobei nicht bekannt ist, ob in diesen Fällen eine latente Veranlagung zu Epilepsie bereits vorhanden war oder diese tatsächlich durch die dauerhafte Überforderung des Gehirns erst hervorgerufen wurde.

Um die Wirkung von Filmen auf die Gefühlswelt unserer Kinder zu beurteilen, müssen wir unsere Kinder gut kennen. Wie ist die Gefühlslage meines Kindes? Ist es eher sensibel oder robust oder verbirgt sich hinter der scheinbar robusten Schale eine zarte Seele?

Oft können wir viel über die Gefühle unseres Kindes während einer Fernsehsendung erfahren, indem wir seinen Gesichtsausdruck währenddessen aufmerksam beobachten.

Den gut gemeinten Ratschlag vieler Medienpädagogen, das Kind nicht allein vor dem Fernseher zu lassen, um seine Ängste auffangen zu können, halte ich für fragwürdig, weil wir die Gefühle, die eine Sendung unweigerlich auslösen wird, weder durch unsere Anwesenheit noch durch ein Gespräch verhindern können. Natürlich ist es ratsam, ein Kind nicht alleine vor den Flimmerkasten zu setzen! Aber muss ich meinem Kind Ängste oder andere starke, unangenehme Gefühle überhaupt zumuten? Es gibt genügend Situationen im Leben eines Kindes, in denen es zwangsläufig mit Angst, Wut, Trauer und anderen Emotionen konfrontiert wird und unsere Unterstützung braucht, um mit diesen Gefühlen umgehen zu lernen. Daher ist es wohl überflüssig, das Kind noch zusätzlich – wenn es also vermeidbar wäre – mit Gefühlen zu konfrontieren, die es überfordern.

4.3.3 Altersangaben

Zu guter Letzt sollten wir die Altersempfehlungen der Fernsehanstalten sehr genau überprüfen!
In den meisten Fällen sind die Altersangaben entschieden zu niedrig angesetzt! Selbst Filme, die wunderschön, kindgerecht und pädagogisch wertvoll sind, werden für Altersgruppen empfohlen, die längst nicht dem geistigen und seelischen Entwicklungsstand entsprechen, der zu einem verträglichen Genuss dieser Filme nötig wäre.

Am Ende dieser Schrift möchte ich nochmals betonen, dass alle pädagogischen Fehler, die auch den gewissenhaftesten Eltern unterlaufen, nicht unter dem Aspekt der Schuld betrachtet werden sollten.

Ob Unwissenheit, Schwäche oder gar gut gemeinte pädagogische Irrtümer Gründe für die Fehler sind, spielt keine Rolle. Wichtig ist, dass alle Eltern aus bestem Wissen und Gewissen handeln und vor allem aus Liebe!

Erkennt man die Fehler, ist es nie zu spät, die Erziehungsgewohnheiten zu ändern.

Der denkbar schlechteste Ratgeber in der Erziehung ist ein schlechtes Gewissen, denn aus schlechtem Gewissen entstehen weitere, oft gravierendere Fehler!

Wenn mich heute das schlechte Gewissen und die Reue einholen über all die Fehler und Versäumnisse in der Erziehung meiner mittlerweile erwachsenen Töchter, haben diese mir längst verziehen! Und sind dennoch gut geraten – trotz all meiner Erziehungsfehler!

Sibylle Jessen

INHALT